KB265220

프랜차이즈 히어로

프랜차이즈 히어로

펴낸날 | 2010년 2월 5일 초판 1쇄

지은이 | 이철우
기   획 | 정수현 · 정태훈 · 이정섭
펴낸이 | 이태권
펴낸곳 | (주)태일소담
　　　　서울시 성북구 성북동 178-2 (우)136-020
　　　　전화 | 745-8566~7　팩스 | 747-3238
　　　　e-mail | sodam@dreamsodam.co.kr
　　　　등록번호 | 제2-42호(1979년 11월 14일)
　　　　홈페이지 | www.dreamsodam.co.kr

ISBN 978-89-7381-570-8 03320

● 책 가격은 뒤표지에 있습니다.
● 잘못된 책은 구입하신 곳에서 교환해드립니다.

프랜차이즈 히어로

변호사가 쓴 비즈니스 법률상식 소설

글 | 이철우

소담출판사

I 백수에겐 무한한 미래가 있다

II 프랜차이즈와 지적재산권

위대한 예술가 피카소는 이렇게 말했다.

"훌륭한 예술가는 모방하고 위대한 예술가는 훔친다."
Good artists copy. Great artists steal.

위대한 작가 T. S. 엘리엇은 이렇게 말했다.

"미숙한 시인은 따라하고 숙련된 시인은 훔친다."
Immature poets imitate; mature poets steal.

본서는 이렇게 말한다.

"훌륭한 사업가는 타인의 아이디어를 활용하고,
미숙한 사업가는 타인의 아이디어를 훔쳐 죄를 짓는다."
An astute businessman adopts public domain ideas
while a poor businessman unknowingly steals ideas owned
by others.

타인의 아이디어를 단순히 흉내내기보다는 자신의 것으로 만들자.

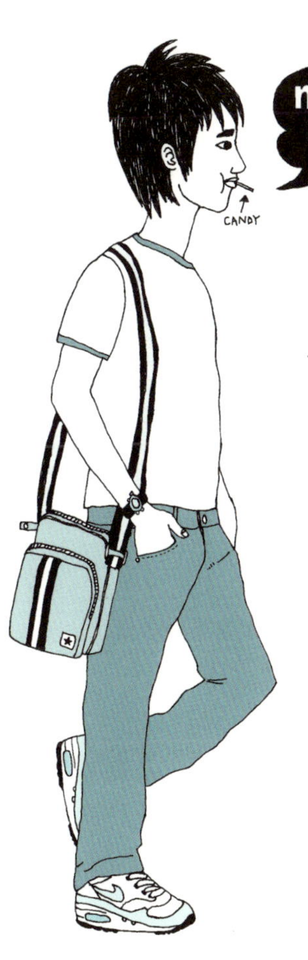

백수에겐
무한한 미래가 있다 I

대한민국 백수의 탄생 

1

"헤어지자."

그네를 흔들고 있던 효주의 입에서 생각지도 못한 말이 흘러 나왔다. 순간 당황한 동원의 입에 물려 있던 막대사탕이 떨어진다. 톡 하고 동원의 발밑으로 떨어진 막대사탕이 모래 위로 파묻혀버렸다.

'에이, 반밖에 못 먹었는데.'

동원은 아깝다고 생각했다.

“……무슨 말이야?”

동원은 ‘내가 잘못 들었나?’ 라고 생각하며 조심스럽게 물었다.

“말 그대로야. 헤어져 우리.”

확인사살.

둔탁한 무언가로 뒤통수를 얻어맞은 느낌이었다. 황급히 그네에서 일어선 동원은 “대체 왜?”라고 물으려 눈을 부릅떴지만 차마 그 말이 입 밖으로 나오지 못했다. 아마 이별의 이유는 누구보다 자신이 제일 잘 알고 있을 것이다.

“미안해.”

효주는 그네에서 일어나면서 자신의 엉덩이에 묻은 먼지를 툭툭 털어냈다.

“부모님이 모두 반대하서. 그리고 나도 오래 고민하고 내린 결정이야.”

그때까지도 동원은 아무 말이 없었다. 효주는 그런 그를 답답하다는 표정으로 바라봤다.

“할 말 없어?”

몇 초간 정적이 흐른 후 동원이 한 말은 단지 “미안해” 였다.

“미안한 건 나지. 어쨌든 좋은 소식이 있길 바랄게.”

효주는 동원에게서 등을 돌리고 걸어갔다. 효주가 한 걸음씩

뗄 때마다 모래밭에 하이힐 자국이 또렷이 남았다. 언제부터 효주가 저렇게 굽이 높은 하이힐을 신었을까? 언제부터 저렇게 딱 달라붙는 블라우스에 무릎까지 내려오는 깔끔한 스커트를 입었을까? 언제부터 저렇게 사무적인 말투를 썼을까? 그리고 대체 언제부터 자신과의 이별을 생각했을까?

아마도 그 모든 건 효주가 2년 전 유리은행에 취직한 후부터일 것이다. 그때부터 그녀는 바빠졌고 자연스레 동원과의 거리도 멀어졌다. 그리고 결국 이렇게 이별이 온 것이다.

효주가 사라진 후 멍하니 그네에 앉아 있던 동원은 자신의 처지가 불쌍해졌다.

"아저씨!!"

누군가가 자신을 툭툭 쳤다. 정신을 차리고 보니 꼬마 셋이 자신의 앞에 서 있었다. 그중 빡빡머리를 한 아이가 자신을 빤히 쳐다보고 있었다.

"그네 안 타실 거면 비켜주세요!"

"맞아요. 아저씨 때문에 한 명이 못 타잖아요."

"아, 미안."

동원은 자리에서 일어났다. 그 순간 눈에 띈 막대사탕. 동원은 허리를 숙여 막대사탕을 집어 들었다. 그리고 저벅저벅 걸어갔다. 효주가 남겨놓은 자국을 따라. 뒤에서는 그네를 한 자리씩

차지한 아이들이 재잘거리는 소리가 들려왔다.

"저 아저씨 거진가 봐. 떨어진 사탕을 막 주워 먹어."

"엄마가 그러는데, 요즘 저런 사람들이 엄청 많대. 경계가 안 좋아서 그렇대."

"에이. 경계가 아니라 경기겠지. 우리 아빠도 뉴스를 보면서 한숨을 푹푹 쉬어. 저런 사람들을 뭐라고 그랬지? 백……."

"백숙?"

"음…… 아니, 백수. 백수야. 저 아저씨도 백수인가 봐."

백수.

갑작스레 동원의 발걸음이 멈추어졌다. 그렇다. 자신은 백수였다. 제대 후 복학 그리고 졸업. 그 후 2년 동안 취업을 위해 엄청나게 노력했지만 모든 곳에서 퇴짜를 맞은 백수. 효주가 그에게 이별을 고한 이유의 90퍼센트는 아!마!도! 그가 백수여서일 것이다.

대한민국 대학생들에겐 공포와 다름없는 두 단어가 있다.

취업 실패. 그리고 그 결과인 백수.

계속되는 취업 실패로 백수가 되면 가족도 연인도 친구도 멀어진다. 취업 실패는 그만큼 강력한 어둠의 힘을 지녔다.

갑자기 화가 난 동원은 아이들을 향해 휙 돌아섰다. 그리고 오른손에 들고 있던 막대사탕을 있는 힘껏 던진 후 큰 소리를 쳤다.

"너네!!!"

하지만 천진난만한 얼굴로 두 눈을 동그랗게 뜨고 있는 아이들에게 저주를 퍼부을 수는 없었다. 동원은 그냥 속으로 중얼거렸다.

"너희도 그렇게 10년 아니, 20년만 놀아봐!! 나처럼 될걸. 백수? 그거 어려운 거 아니라고……. 뭐, 물론 그렇게 되면 안 되겠지만……."

2

동원은 인테리어 사업을 하는 아버지 송진과 가정주부인 어머니 진도연의 외동아들로 태어났다. 동원은 어린 시절부터 풍부한 상상력과 창의력으로 주위 사람들을 놀라게 한 적이 많았다. 하지만 지옥 같은 대학입시를 준비하면서 그는 주입식 교육에 환멸을 느꼈다. 결국 아버지와 어머니의 전폭적인 지원을 받으면서도 동원은 수능에서 좋은 점수를 받지 못했다.

"에이, 글을 재미있게 쓰면 좋은 대학에 갈 수 없나? 유머로 사람들을 잘 웃기면 좋은 대학에 갈 수 없나? 친구가 많으면 좋은 대학에 갈 수 없나? 모의주식투자를 잘하면 좋은 대학에 갈 수 없나? 사람들을 많이 도와주면 좋은 대학에 갈 수 없나? 왜 수능 성적만으로 합격과 불합격을 결정하는 거야?"

동원은 혼자 투덜거렸지만 아무도 쳐다보지 않았다.

동원은 눈치작전 끝에 운 좋게도 인서울(In-Seoul) 대학인 한원대학교 판매관리과에 합격했다. 하지만 동원은 상관없었다. 어차피 대학생활은 다 똑같은 것이 아닌가? 게다가 어떤 잡지에서 순위가 낮은 대학일수록 여학생들의 미모 순위는 높다는 통계를 본 적도 있다. 어쩜, 오히려 좋은 일이었다.

동원은 신났다. 게다가 그가 가입한 노래봉사동아리에서 만난 효주가 동원에게 관심을 보이자 하루하루 그렇게 재미있을 수 없었다. 효주는 동원의 선한 이미지와 웃는 얼굴, 경제적으로 궁색하지 않은 태도와 씀씀이에 호감을 가지고 접근했다.

'저 정도의 외모면 내 남자 친구로 친구들 앞에서 부끄럽지 않을 거야. 착한 타입이라 내 마음대로 할 수도 있고.'

효주는 생각했다.

동원은 생전처음 생긴 여자 친구가 자연스럽게 마음속에 자리 잡기 시작했다. 동원은 효주가 점차 친구 이상으로 느껴지기 시작했고 주위 친구들도 이젠 효주와 동원을 캠퍼스 커플로 인정하게 되었다. 동원은 효주와 매일 밥을 먹었고 도서관에 그녀의 자리를 잡아주었으며 농촌봉사활동도 함께 나가는 등 하나에서 열까지 모든 일을 같이했다. 그렇게 동원의 꿈같은 대학 생활이 시작되었지만 그 생활은 2년 후 영장이 나오면서 끝이 났다. 동원은 입대하던 날 효주가 했던 말을 잊을 수가 없다.

"고무신 거꾸로 신지 않을 테니까 잘 다녀와."

동원은 삭발한 머리를 멋쩍게 만지작거리며 웃었다. 그러고는 이렇게 말했다.

"지금은 나라를 지키고 그다음에는 박효주만을 지키겠습니다."

효주는 동원이 제대하는 날까지 그를 기다렸다. 그렇게 2년이 지나고 복학한 동원은 위기에 봉착했다.

그다음 해 9월 마지막 학기. 취업을 해야 했다. 그 당시 대기업 임원이던 아버지의 도움으로 별 무리 없이 유리은행에 취직한 효주는 이미 입사 2년차의 어엿한 대리가 되어 있었다. 그 때문에 동원이 스트레스를 받은 것은 아니었다. 취업 준비로 정신이 없었기 때문이다. 게다가 2년이나 기다려준 효주가 자신을 떠날 것이라는 생각은 할 수 없었다. 한마디로 천하태평이었다.

2, 3주에 한 번씩 주말에 효주를 만나 식사를 하고 영화도 보았다. 그런데 만남이 이어질수록 효주는 피곤하다는 핑계로 귀가 시간이 점점 빨라졌다. 동원은 그런 효주를 이해하며 취업 준비

Ⅰ 백수에겐 무한한 미래가 있다

에 박차를 가했다. 그렇게 시간이 흘렀다.

2월 졸업 시즌.

동원은 이미 200여 곳에 이력서와 입사지원서를 냈지만 면접할 기회조차 얻지 못했다. 사법고시, 행정고시, 회계사시험은 능력 밖이라는 생각에 준비할 엄두도 내지 못했다. 슬슬 불안해지기 시작했다. 이러다가 말로만 듣던 백수가 되는 것은 아닐까? 에이 설마, 세상은 넓고 할 일은 많잖아? 하지만 세상은 계속 '네가 할 일은 없어' 라는 통보만 보내왔다. 더구나 집안에서 동원을 보는 눈도 달라졌다.

대학입시생을 대하는 태도와 대학생을 대하는 태도, 그리고 군인을 대하는 태도와 취업재수생을 대하는 태도는 확연히 달랐다. 밤새 원서를 쓰고 있으면 어머니가 예쁜 접시에 정성스레 담아다주던 사과, 배, 복숭아 등은 이미 사라진 지 오래였다. 이제는 늦은 밤이면 냉장고문을 몰래 열어야 하는 판이었다.

취업을 못하는 것도 서러운데 왜 집에서까지 눈치를 주는지. 게다가 오늘은 이별선고까지 받았다. 모든 게 취업에 실패한 탓이다.

동원은 효주를 잡지 못한 자신이 원망스러웠다. 하지만 대체 무슨 말로, 무슨 수로 그녀를 잡는단 말인가. 그녀는 은행에 취

대한민국 백수의 탄생

직한 커리어우먼이다. 자신은 원서를 쓰는 족족 퇴짜를 맞는 백수다. 젠장. 차라리 군인과 여대생일 때가 좋았다. 다시 그때로 돌아갈 수는 없을까?

힘없이 터벅터벅 걷고 있는데 오른쪽 주머니에서 진동이 느껴졌다. 혹시 효주인가? 두근거리는 마음에 휴대전화를 꺼내 보았다. 하지만 효주가 아니었다. 집이었다. 받기가 껄끄러웠다. 어느 순간부터 부모님이 자신을 바라보는 눈빛이 부담스러워지기 시작했다.

어쨌든 마음이 착잡했다. 휴대전화 진동이 멈췄다가 다시 울렸다. 웬만해선 두 번 전화하지 않는 엄마였다. 내심 걱정이 된 동원은 다시 휴대전화를 꺼내 폴더를 열었다.

"저, 지금 집 앞……."

"동원아, 어떡하니?"

동원이 말도 꺼내기 전에 엄마가 흐느끼는 목소리로 말했다.

"무슨 일이에요, 엄마? 네? 울지 말고 말씀해보세요."

동원은 다급해졌다. 걸음걸이도 빨라졌다.

"법원에서 압류를 한다며 나왔어. 아버지도 지금 집에 없고 연락도 되지 않아. 우리 이제 어떡하니?"

숨이 턱 하니 막혔다. 부도라는 단어가 머리를 스치고 지나갔다.

"집 근처예요. 얼른 들어갈게요."

동원은 전화를 끊은 후 전속력으로 달렸다. 정말 불행은 연달아, 그리고 예고 없이 들이닥치는가 보다.

동원은 달리면서 중얼거렸다.

30평 남짓 되는 동원의 집에는 여기저기 빨간 딱지가 붙어 있었다. 텔레비전, 냉장고, 에어컨 등 돈이 될 만한 것에는 전부. 드라마에서나 보던 장면이 현실이 되다니.

아버지가 현관문을 열고 들어왔다.

"벌써 압류를 한 거야? 정말 아는 사람들이 더 무섭다더니……."

다리에 힘이 풀린 송진은 소파에 털썩 주저앉았다.

"여보, 이제 어떡해요. 어떻게……."

동원은 아버지 송진의 옆에 다가가 묻는다.

"어떻게 된 거예요?"

송진은 동원을 보더니 길게 한숨을 토해냈다.

대한민국 백수의 탄생

3

　동원과 송진은 집 근처의 포장마차로 갔다. 몇몇 테이블에선 이미 술판이 벌어져 있었다.

　"아주머니, 여기 소주 한 병이랑⋯⋯. 너 저녁은 먹었니?"

　송진은 동원을 쳐다보며 물었다.

　"네⋯⋯. 아니요."

　"'네, 아니요'가 뭐야? 여기 소주 한 병이랑 우동 두 그릇이요."

　곧 김이 모락모락 나는 우동 두 그릇과 소주 한 병이 동원과 송진의 테이블에 올려졌다. 우동 위에 얹어져 있는 파와 김을 보자 침이 꼴깍 넘어가면서 효주 생각이 났다. 효주도 우동을 즐겨 먹었다. 효주는 항상 우동을 먹으며 이런 질문을 했었다.

　"왜 잔치국수에는 김치를 주고 우동에는 단무지를 줄까? 둘 다 주면 안 되나?"

　단무지를 아삭거리면서 칭얼거리는 효주의 모습은 사랑스러웠다.

　"자."

　송진은 소주잔에 소주를 가득 부어 동원에게 건넸다. 그리고 소주잔을 들어 한 입에 털어 넣었다. 알코올이 송진의 기도를 타고 흘러내려가는 동안 동원은 송진의 얼굴을 찬찬히 살펴봤다. 얼굴 여기저기에 기미가 보였고 눈가나 입가에는 주름이 자글자글했다. 눈두덩에 지방도 늘었고 턱살은 탄력이라는 것을 잃어버렸다. 그리고 무엇보다 얼굴엔 근심 걱정이 가득했다. 아마 그 이유엔 자신도 한몫하리라. 동원은 생각했다.

"가뜩이나 취업 준비하느라 고생하는데 이런 일이 생겨서 미안하다, 동원아."

미안한 것은 동원이었다. 동원은 아버지에게서 소주병을 빼앗았다. 그리고 아버지의 소주잔을 채웠다.

"죄송한 건 저죠. 어떻게 된 거예요?"

송진은 머뭇거리다가 동원이 채워준 소주잔을 비웠다. 그리고 우동 국물을 한 숟갈 떠먹고 조용히 입을 열었다.

"얼마 전에 일군건설업체인 동린건설주식회사에서 호텔 인테리어 공사를 수주받아서 팔자 고치겠다고 말한 거 기억나지?"

"네."

"상대가 대기업이라 철석같이 믿고 아파트를 저당잡히고 공사비용을 대출받았지……. 그런데 최근에 동린건설이 도산했어. 부동산 가격폭락과 현금 유동성 악화로. 그 바람에 우리 쪽에서 인테리어 공사 대금으로 받았던 20억 원짜리 어음이 부도가 났지. 오늘 압류한 사람들은 그 어음을 받아간 하청업체들이야. 20년 동안 같이 일했는데 돈 문제가 걸리니 곧바로 압류를 하네. 세상 무섭다……."

송진은 다시 한 번 소주잔을 채우고 또 금세 비웠다.

"……어떻게 하실 거예요?"

동원이 조심스레 물었다.

"당분간 인부들과 인테리어 현장에서 밤을 샐 생각이다. [1]유치권이라도 행사해야지."

동원은 아버지에게 미안했다. 게다가 자랑스러운 아들이 되지 못한 것도 죄스러웠다.

"아버지, 제가 얼른 취업을 해야 할 텐데. 죄송해요."

1 유치권이란?

다른 사람의 물건을 차지하고 있는 자가 그 물건에 대해 채권을 가지는 경우 이를 변제받을 때까지 그 물건을 돌려주지 않고 계속 가지고 있을 수 있는 권리다. 예를 들면 공사업자가 공사 대금을 받지 못했다면 이를 변제받을 때까지 그 공사현장을 계속 점거할 수 있다.

심지어 법원의 경매절차에서 집을 낙찰받은 사람이라도 그 집에 대해 유치권을 가진 사람이 있을 경우에는 그 채무를 변제하지 않는 한 그 집을 인도받지 못할 수 있다.

동원은 곧 눈물이 흘러내릴 것만 같았다. 그리고 이미 불어터질 대로 불어터진 우동을 먹기 시작했다.

"우와, 이 우동 굉장히 맛있는데요?"

동원은 일부러 호들갑을 떨며 후루룩 소리를 냈다.

둘은 남은 우동을 먹는 내내 말이 없었다. 아마 두 사람의 머릿속에는 걱정이 가득했을 것이다. 어느 순간을 계기로 사람의 머릿속은 걱정이란 것으로 가득 찬다. 나이를 먹으면 먹을수록 걱정거리는 늘어나는 것 같다. 옆자리에서는 하얀 와이셔츠에 넥타이를 느슨하게 맨 30대 초반의 직장인 세 명이 소주를 마시면서 상사의 흉을 보고 있었다.

"곽 과장, 분명히 집에서는 한마디도 못할걸?"

"당연하지. 그런 자식들이 제 마누라한테는 꼼짝도 못한다니까. 얼마 전에 곽 과장이 마누라 전화 받는 거 들었거든. 그런데 '응, 여보. 나 오늘 회식…… 알았어. 바로 들어갈게.' 이러더라니까."

뿔테안경을 쓰고 하얀 와이셔츠를 입은 남자가 휴대전화를 받는 시늉까지 해가며 열연을 했다.

"소리를 버럭버럭 지를 때마다 입 냄새는 얼마나 나는지. 아니, 왜 다른 사람 생각은 안 해주냐고. 회사가 자기 거야? 사무실 공기는 곽 과장이 다 오염시킨다니까. 그리고 꼭 나, 약속 있는 날만 야근하자네?”

“욕은 어디서 그렇게 배워오는지. 아주 잘도 써먹어요. 몇 년째 부하 직원한테 바른말이라고는 쓰지 않는 욕의 달인 곽. 한. 구.”

그들은 계속 소주잔을 부딪혀가며 곽 과장이라는 사람에 대해 이야기했다. 동원은 그들을 물끄러미 바라보았다. 부러웠다. 자신도 동료들과 상사 욕을 해보고 싶었다. 코피가 터지도록 야근도 해보고 싶었다. 하지만 취직 없인 이것조차 불가능하다.

포장마차를 나온 동원은 아버지에게 자신은 볼일이 있으니 먼저 들어가라고 하고는 경비실 앞을 서성였다. 그러기를 10여 분 정도. 마침내 그는 용기를 내어 휴대전화의 1번을 길게 눌렀다.

심장이 마치 작은 새가 파닥이듯이 팔딱팔딱 뛰어댔다. 신호음이 가는가 싶더니 금세 여자 목소리가 들렸다. 하지만 효주의 목소리가 아니었다.

“이 번호는 없는 번호이오니 다시 한 번 확인하고 걸어주십시오.”

동원은 다시 한 번 단축번호 1번을 눌렀다. 하지만 여전히 똑같은 목소리가 나왔다. 동원의 단축번호 1번은 이제 없는 번호로 전락해버린 것이다. 여자는 잔인했다. 사회도 잔인했다. 동원의 집은 빨간 딱지로, 동원의 마음은 빨간 상처로 가득했다.

# 시급 5000원의 아르바이트

1

피시방. 오른쪽 흡연 코너에 동원이 앉아 있다.

동원은 천천히 수험번호를 누른 후 심호흡을 했다. 그리고 떨리는 손을 애써 진정시킨 채 마우스를 클릭했다. 눈을 질끈 감았다. 과연 컴퓨터 창에 뜬 메시지는 천국의 메시지일까, 지옥의 메시지일까?

하나, 둘, 셋. 눈을 떴다. 하지만 동원은 금세 눈을 감았다.

젠장.

이번에도 아웃이었다. '혹시 수험번호를 잘못 누른 것은 아닐까?'라고 생각했지만 분명 자신의 이름이었다. 이제껏 살면서 송동원이란 이름은 들어보지 못했다. 강동원, 김동원, 윤동원은 들어보았어도.

대체 자신의 어떤 점이 마음에 들지 않은 걸까? 그만 하면 완벽했다. 물론 자신이 생각하기에. 하지만 같이 면접을 본 지원자들이 동원보다 우수했나 보다. 그러니 자신은 탈락되고 다른 사람들이 채용되었겠지. 동원은 모자를 푸욱 눌러쓰며 자리에서 일어났다.

왜 그리 거리에는 빌딩이 많은 건지. 저 빌딩의 주인들은 다 누구일까? 왜 저렇게 점포는 많은 걸까? 다 사장이 있겠지? 대체 어떤 사람들이 사장일까? 저렇게 양복을 입고 다니는 사람도 많은데 그건 그만큼 직장이 많다는 소리겠지. 그런데 왜 나를 채용해주는 직장은 없는 건지. 이제 더 이상 연락을 기다릴 곳도 없었다. 대체 어디서부터 다시 시작해야 하는 건지 막막했다. 동원은 그렇게 하염없이 길을 걸었다. 갑자기 어디선가 진동소리가 들려왔다. 하지만 휴대전화에서 나는 소리가 아니었다. 진동의 근원지는 오늘 한 끼도 먹지 못한 동원의 뱃속이었다.

'그래. 먹어야지. 다 먹고살자고 하는 짓인데.'

Ⅰ 백수에겐 무한한 미래가 있다

동원은 계속 주위를 두리번거리며 발걸음을 재촉했다. 배에서는 계속해서 꼬르륵 소리가 들려왔다. 순간 동원의 눈에 아이스크림 가게가 눈에 띄었다.

"에이, 밥이 먹고 싶은데 아이스크림 가게네."

동원은 투덜거렸다. 가까이 다가가보니 약간은 촌스러운 간판에 '맛나 아이스크림' 이라고 쓰여 있었다.

'맛나 아이스크림이 뭐야? 촌스럽게.'

동원이 돌아서려는데 출입문 한쪽에 붙어 있는 하얀 종이가 눈에 띄었다.

"아르바이트생 모집. 시간당 5000원. 용모 단정한 남녀 ○명."

아르바이트? 시간당 5000원? 용모 단정한 남녀? 지금 자신의 처지에 계속 원서만 넣을 수는 없었다. 일단 아르바이트를 하면서 원서를 넣어도 상관없는 일이었다. 아니, 어쩜 그게 맞을 것이다. 좋아. 시간당 5000원? 하루에 일곱 시간이면 3만 5000원이고 한 달이면…… 105만 원이다. 그것도 좋다. 그럼 용모 단정은…….

동원은 옷매무새를 다듬은 후 맛나 아이스크림으로 들어갔다. 문을 열자 문고리에 걸려 있는 자그마한 종이 딸랑 울렸다.

"어서 오세요."

낭랑한 여자의 목소리가 들렸다.

2

쭈뼛거리던 동원의 눈에 제일 먼저 들어온 것은 자신보다 약간 어려 보이는 여자였다. '맛나 아이스크림'이라고 쓰여 있는 앞치마를 두른 여자는 웃는 모습이 살짝 효주를 닮은 듯했다.

"어서 오세요. 마음에 드는 자리에 앉으세요."

여자는 환한 미소를 띠며 동원에게 말했다. 동원은 주위를 둘러보았다. 30평 남짓 되어 보이는, 아이스크림 가게로서는 제법 넓은 가게였다. 인테리어는 꽤나 촌스러웠다. 정성은 들인 것 같은데 왠지 촌스러운 분위기라고 해야 할까?

동원은 창가에 앉았다.

"무엇을 드릴까요?"

여자가 메뉴판을 건넸다. 동원은 메뉴판을 보았다. 요기가 될 만한 것은 없었다. 아니, 처음부터 요기를 하러 들어온 것은 아니었다. 아르바이트 때문이지.

"요구르트 아이스크림 하나요."

'그래. 일단 먹고 보자.'

곧 동원의 자리에 하얀 아이스크림이 든 투명한 유리그릇이 놓여졌다. 동원은 숟가락을 들고 한 입 떠먹어보았다. 입 안에서 새콤달콤한 요구르트 아이스크림이 사르르 녹았다. 맛있었다. 지금껏 동원이 먹어본 요구르트 아이스크림 중 최고였다.

"맛있네요. 굉장히."

동원은 옆 테이블을 정리하고 있던 여자에게 말했다. 여자는 활짝 웃으며 손뼉을 쳤다.

"그죠? 정말 맛있죠?"

"네. 아, 그런데 사실 저 여기 아르바이트 모집 공고를 보고 들어왔거든요. 아직 아르바이트생을 채용하지 않았다면 제가 한 번……."

동원은 계속 아이스크림을 입에 넣으며 말했다. 여자가 약간 당황한 표정을 지었다. 그때 주방에서 두 남자가 걸어 나왔다.

꽤나 나이가 들어 보이는 남자의 인상은 온화했다. 그는 여자의 아버지, 그리고 이 가게의 사장인 윤기수였다. 그리고 또 다른 한 명은 금지석. 동원과 나이가 비슷해 보이는 그는 약 180센티미터 정도의 키에 가무잡잡한 피부 그리고 고집스러워 보이는 얇은 입술을 가지고 있었다. 그는 성큼성큼 동원과 여자 앞으로 걸어왔다. 그러고는 경계심이 가득한 눈빛으로 동원을 바라봤다.

"저, 아르바이트생은 이미 뽑았는데……. 아직 공고문을 떼지 않았네요."

여자는 금지석을 바라보며 말했다. 미안함에 어쩔 줄 몰라하는 목소리였다.

"보아하니, 취직이 안 돼서 아르바이트라도 하려는 것 같은데 다른 데나 가보시죠. 이미 내가 채용되었으니. 아이스크림이나 맛있게 드시고 가세요."

금지석은 이렇게 말하면서 동원을 보고 피식 웃었다. 동원의 자존심에 금이 갔다.

'보아하니 비슷한 나이 같은데, 피차일반인 주제에…… 뭐라고?'

동원은 머리끝까지 올라오는 열을 식히기 위해 아이스크림을 떠먹었다. 여전히 새콤달콤한 그 맛. 아이스크림은 아까보다 조금 녹아 있었다. 처음에 더 맛있었던 것 같은데. 동원은 '어서 아이스크림을 먹고 이곳에서 나가야지' 라고 생각하며 손과 입을 바쁘게 움직였다. 금지석은 다시 주방으로 들어갔고 윤기수는 밖으로 나가버렸다.

"이것도 좀 드세요."

여자가 테이블에 미니 샌드위치를 내려놓았다.

"제가 오늘 만들어본 샌드위치인데 좀 남았거든요."

여자는 환하게 웃으며 말했다. 동원은 샌드위치를 덥석 물었다. 치즈와 햄 그리고 아삭한 양상추가 조화로운 맛을 냈다.

"괜찮아요?"

"네, 굉장히 맛있어요. 사실 배가 좀 고팠거든요."

동원은 게걸스럽게 샌드위치를 먹은 후 자리에서 일어났다. 그리고 여자를 보며 똑똑히 말했다.

"이곳에서 꼭 아르바이트를 하고 싶습니다."

"네? 아르바이트라면 아까 이미……."

"시급은 약하게 주셔도 상관없습니다. 그리고 난 이 가게의 아이스크림, 그리고 그쪽이 방금 준 샌드위치도 굉장히 맛있다고 생각합니다. 그런데 이렇게 손님이 없는 이유는……."

동원은 말꼬리를 흐렸다. 그때 뒤에서 중저음의 목소리가 들려왔다.

"이유는?"

아까 밖으로 나갔던 윤기수였다.

동원은 순간 학교에서 배운 마케팅 전략을 떠올려보았으나 아무것도 생각나지 않았다.

"이유는…… 적극적인 홍보 전략이 필요할 것 같습니다. 그리고 매장 관리도 다소 부실한 것 같고…… 간판, 메뉴판, 인테리어 등등…… 아이스크림은 정말 맛있는데……."

동원은 자신이 실례되는 소리를 한 게 아닐까 윤기수의 눈치를 살폈다. 하지만 윤기수는 전혀 기분 나쁜 표정이 아니었다. 그는 살짝 미소를 지으며 더 이야기해보라고 고갯짓을 했다.

"사실 이런 요구르트 아이스크림을 선호하는 건 10대 후반에서 20대, 특히 20, 30대 여성인데 이곳의 인테리어는 여자들의 취향이 아닙니다. 여자들은 수다도 예쁘고 아기자기한 곳에서 떨고 싶어 하잖아요."

동원은 예전에 효주가 했던 말을 기억해내며 더듬더듬 말했다.

"저기, 이 메뉴판만 해도 그래요. 너무 성의가 없어 보여요. 이걸 먹을까, 저걸 먹을까 고민하게 만들어야 하는데 메뉴가 너무 간단해요."

자신의 입에서 술술 나오는 말에 동원 자신도 깜짝 놀랐다. 윤기수는 고개를 끄덕였다.

"아빠, 이분 말이 맞는 것 같아요. 사실 우리 인테리어가 훌륭한 편은 아니잖아요."

여자는 동원의 말에 동조했다.

"자넨 왜 여기서 아르바이트가 하고 싶은 거지?"

"……."

동원은 고민했다. 처음에는 그저 일이 없어 일단 아무 일이나

Ⅰ 백수에겐 무한한 미래가 있다

시작해보자는 생각이었다. 하지만 지금은 그래서만은 아니었다.

"저, 아이스크림이 굉장히 맛있어요. 충분히 어필할 수 있는 그런 맛인데 안타까워서요. 그리고 여기서 일하면 이 아이스크림을 공짜로 먹을 수 있잖아요."

"하하하, 그럼 자네 일처럼 최선을 다할 수 있겠나?"

"네. 시켜만 주시면 열심히 하겠습니다."

"음."

기수는 고민했다. 그때 주방에서 금지석이 나왔다.

"사장님!! 아르바이트생은 더 필요하지 않을 것 같은데요? 아니면 여자 아르바이트생이 낫지 않은가요?"

"아직 결정한 건 아니야."

기수가 금지석의 말을 끊었다.

기수는 동원에게 나이와 이름을 묻고 전화번호를 적은 후 일단은 돌아가라고 했다. 곧 연락을 주겠다는 말과 함께.

동원이 가게에서 나오자 여자가 동원을 불러 세웠다. 그러고는 하얀 봉투를 건넸다. 묵직한 느낌이 들었다.

"뭐예요?"

"샌드위치예요. 아까 너무 맛있게 드셔서요. 그럼."

여자는 꾸벅 인사를 했다.

"이름이 뭐예요?"

"희정이요. 윤희정."

희정은 다시 한 번 미소를 지으며 후닥닥 가게 안으로 들어갔다. 동원은 희정이란 여자에 대해 궁금해지기 시작했다. 하지만 효주를 잊은 것은 아니었다. 동원은 희정이 건네준 샌드위치를 먹으며 집으로 향했다. 왠지 모르게 활기가 넘쳤다. 아까 새콤했던 요구르트 아이스크림의 향이 아직 몸에 배어 있는 듯했다.

집에 도착할 즈음 문자 한 통이 도착했다.

"맛나 아이스크림일세. 내일부터 나오게."

동원은 하마터면 "야호!" 하고 소리를 지를 뻔했다.

사실 4년제 대학을 졸업하고 처음 얻은 직장이(직장이라고 할 수도 없다) 겨우 동네 아이스크림 가게 아르바이트라니 아마 평소 같으면 등을 떠밀어도 거절했을 일이었다. 하지만 지금은 달랐다. 일에 귀천이 어디 있으랴. 게다가 그곳에선 왠지 모르게 마음의 안식을 느낄 수 있었다. 그리고 무엇보다 그곳은 이제 동원의 용돈 조달처가 되는 셈이다.

마음에 걸리는 것은 단 하나, 사나운 눈매로 동원을 경계하던 그 남자였다.

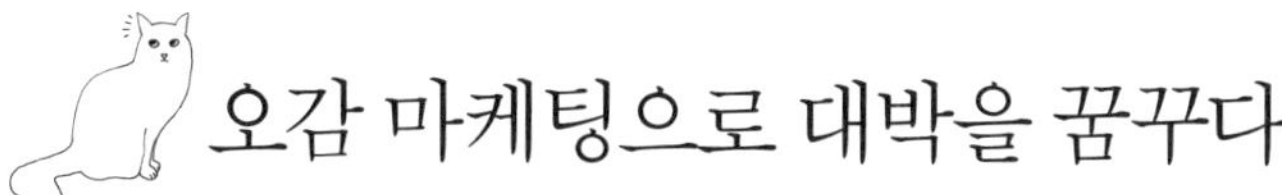

오감 마케팅으로 대박을 꿈꾸다

1

아침이 밝았다.

알람소리에 잠이 깬 동원은 끙끙거리며 손을 휘휘 저어 시끄러운 소리의 근원지를 찾았다. 휴대전화였다. 폴더를 열어 시간을 보니 아침 7시. 에이, 내가 왜 이 시간에……. 그는 다시 눈을 감으려다가 화들짝 놀라서 일어났다.

맞다.

맛나 아이스크림.

비록 시급 5000원인 아이스크림 가게의 아르바이트생이지만 동원은 아침에 눈을 뜨고 어딘가로 일하러 갈 수 있다는 사실이 무엇보다도 기뻤다. 뭐라고 형용할 수 없는 활기찬 기운이 온몸에 퍼지는 듯했다. 평소보다 몇 시간은 빨리 일어난 동원은 한달음에 가게로 달려갔다. 문 앞에서 동원은 두 손을 불끈 쥐었다. 그리고 큰 소리로 기합을 넣었다.

"아자, 아자, 파이팅! 열심히 일하는 거야. 송동원 파이팅!"

막 가게로 들어가려던 찰나 뒤에서 쿡쿡 하는 웃음소리가 들렸다. 돌아보니 윤희정이었다.

"일찍 오셨네요. 아직 이른 시간인데."

그녀는 말하면서도 계속 쿡쿡거렸다. 하긴 기합을 넣는 모습이 우스워 보일지도 모르지. 동원은 멋쩍은 듯 머리를 긁적이며 반갑게 인사했다.

주방에서 재료를 정리하던 기수는 첫 출근이라고 두 시간이나 일찍 달려온 동원이 기특했다. 말없이 흐뭇한 미소로 동원을 쳐다보고 있는 기수에게 동원이 큰 소리로 인사했다.

"안녕하십니까! 어떤 일부터 시작할까요?"

"거 참, 씩씩해서 마음에 드는군. 음, 청소부터 시작해주겠

Ⅰ 백수에겐 무한한 미래가 있다

나?"

"예! 알겠습니다!"

동원은 기수의 말이 떨어지자마자 대걸레를 잡고 가게 바닥을 닦기 시작했다. 지나치게 열성적인 동원을 희정은 신기한 듯 바라보다가 곧 거래처별로 구매해야 할 물품 목록을 정리하기 시작했다. 그렇게 각자의 일에 몰두하며 시간이 흘러간다. 매장을 여는 시간은 오전 11시. 아르바이트생인 동원과 지석은 원래 10시까지 출근해야 한다. 출근 시간보다 두 시간이나 일찍 도착한 동원과는 달리 지석은 10시가 되어도 나타나지 않는다.

오전 10시 40분.

지석이 가게 문을 열고 헐레벌떡 들어온다. 테이블을 정리하던 동원은 숨을 가쁘게 몰아쉬고 있는 지석이 왠지 석연찮다.

"좀 늦었네?"

지각한 지석에게 기수는 사뭇 근엄하게 묻는다.

"예, 삼촌이 불러서 삼촌 사무실에 들렀다가 오느라고요. 허억 허억."

기수는 다시 주방으로 들어가고 매장에는 동원과 희정, 지석만이 남았다. 지석은 테이블의 얼룩을 닦아내는 동원의 뒷모습을 곱지 않은 시선으로 본다. 원래 자신만 채용되는 건데 동원이 끼어든 게 아닌가.

오감 마케팅으로 대박을 꿈꾸다

‘하루빨리 아이스크림 제조법을 배워야 하는데. 그런데 삼촌은 왜 이곳에서 아이스크림 만드는 법을 배워두라고 했을까. 혹시 저 동원이란 놈이 문제가 되는 거 아냐? 희정 씨하고도 빨리 친해져야 하는데…… 아이 씨…….’

지석은 혼자 생각했다. 자기보다 먼저 나와 청소를 하는 동원을 보자 괜히 부아가 치미는 지석이었다. 하지만 계속 자신의 눈에 가시처럼 밟히는 동원을 노려보고 있을 수만은 없었다. 지석 때문에 심기가 불편할 기수에게 다시 점수를 따야 한다. 그래야 3개월 후 정식으로 주방에서 일할 수 있기 때문이다. 점수를 잃으면 주방에서 일할 기회는 점점 줄어들 테니 지석은 이렇게 넋놓고 있을 때가 아니라고 생각했다. 그래서 서둘러 유니폼으로 갈아입고 주방에서 재료 정리를 하는 기수에게 다가간다.

“저, 사장님. 도와드릴까요?”

“저기 저 아이스크림 통이랑 식빵 좀 정리해주게.”

“네, 알겠습니다.”

지석은 계속 동원을 견제하면서도 묵묵히 기수가 시킨 일을 했고 곧 매장 오픈 시간이 다가왔다. 동원은 심기일전하는 마음으로 심호흡을 했다.

‘그래, 송동원. 네가 얼마나 열심히 일할 수 있는지 보여주는 거야.’

드디어 가게 문이 열리고 동원이 첫 손님을 반갑게 맞는다.

"어서 오세요! 맛나 아이스크림입니다!!!!"

2

그렇게 일주일이 흘렀다. 어려운 일은 없었기 때문에 동원은 금방 일이 몸에 익었다. 동원이 일한 일주일 동안 손님도 조금씩 느는 것 같았다. 오늘 하루 70명의 손님이 다녀갔다.

하지만 동원은 이곳의 아이스크림 맛이면 충분히 손님이 득실 대게 만들 수 있다고 생각했다. 사실, 윤기수가 만드는 요구르트 아이스크림은 그 어디에서도 맛보지 못한 신선한 맛을 가지고 있었다.

하지만 기수는 매출에 그다지 신경을 쓰지 않는 것 같았다. 그는 항상 새로운 아이스크림 개발에만 온 힘을 쏟았다. 그는 한마디로 기술자였다. 동원은 안타까웠다.

내가 홍보를 맡겠다고 하면 사장님은 어떤 반응일까? 동원은 윤기수가 있는 주방에 빼꼼 얼굴을 내밀었다. 오늘도 지석은 기수 옆에 찰싹 붙어서 요구르트 아이스크림에 관해 이것저것 물으며 수첩에 받아 적고 있었다.

지석은 언제나 쓸고 닦는 일은 나 몰라라 한 채 윤기수 옆에 붙어서 알랑방귀를 뀐다. 그런 지석이 동원은 못마땅했다.

'얄미운 놈.'

동원이 이런저런 생각으로 잠깐 멍해져 있을 때 희정의 목소리가 들린다.

"자, 점심들 먹고 일해요."

희정이 차려놓은 밥상 앞에 모두 모였다. 갓 지은 흰 쌀밥에 된장찌개와 몇 가지 반찬이 그릇에 소담스레 담겨 있었다.

"희정 씨는 얼굴도 예쁜데 요리도 참 잘해. 그죠, 사장님?"

지석이 느끼한 목소리로 말했다. 기수는 딸을 칭찬하는 소리가 싫지 않은 듯 너털웃음을 지었고 희정은 쑥스러운 듯 얼굴을 붉히며 밥만 먹었다.

'쳇, 나도 그렇게 생각했는데……'

동원은 지석과 희정의 얼굴을 번갈아 바라보며 밥을 입 안에 꾸역꾸역 밀어 넣다가 그만 음식이 목에 걸린다.

컥컥대며 기침을 하는 동원에게 희정은 물 컵을 건넨다.

"어머, 사레 들리셨구나. 물 마셔요, 동원 씨."

"컥, 아, 고, 고마워요, 희정 씨."

동원은 희정이 건넨 물을 얼른 받아 마신다. 그런 동원을 이번에는 지석이 못마땅하게 쳐다본다. 어느 정도 진정이 된 동원은 다시 밥을 먹기 시작하고 밥을 먹기 전에 혼자 생각했던 것들을 기수에게 얘기했다.

"저기, 사장님. 의논드리고 싶은 것이 있습니다."

"뭔가?"

기수는 젓가락질을 멈추지 않고 말한다.

"우리 아이스크림 가게는 홍보를 하지 않는 것 같아요. 어차피 아르바이트가 두 명까지는 필요 없으니 제가 가게 일을 하면서 남는 시간에 홍보도 같이 하면 어떨까요?"

"그것 참 좋은 생각이야. 자네가 홍보와 마케팅을 할 수 있겠나?"

기수는 기다렸다는 듯이 말했다.

"나도 고민이야. 내가 '스킨 아이스크림' 에 근무할 때는 이런 고민이 없었는데. 나는 연구소에서 아이스크림만 만들던 기술자였으니까."

"네? 사장님이 스킨 아이스크림에서 근무하셨다고요?"

동원이 놀라서 다시 묻는다. 직영매장 10여 개와 프랜차이즈 점포 500여 개를 거느린 스킨 아이스크림은 우리나라에서 최대의 가맹점을 거느린 아이스크림 프랜차이즈였다. 외국 프랜차이즈가 아니라 우리나라 토종 프랜차이즈로 성공한 것이다.

"그렇다네. 이완영 사장과 함께 스킨 아이스크림을 세웠지.

오감 마케팅으로 대박을 꿈꾸다

이완영 사장이 자금과 경영을 맡았고 나는 기술자로 일했지. 하지만 그 사람, 사업이 잘되니까 사람이 변하더군. 처음에는 고객과 스킨십을 하는 것처럼 회사를 운영하여 신뢰를 쌓겠다고 하더니 나중에는 그 스킨십을 통해 고객과 가맹점의 피를 빨았지. 그래서 나는 그곳을 그만두고 '맛나 아이스크림' 을 열었어."

"아, 그랬군요."

기수의 말을 다 들은 동원은 갑자기 벌떡 자리에서 일어났다.

"사장님! 맛나 아이스크림은 반드시 성공할 겁니다. 마케팅은 제가 해보겠습니다! 우리도 스킨 아이스크림처럼 성공할 수 있을 겁니다."

동원은 혼자서 신이 났다.

"마케팅은 소비자에게 어떤 이미지를 심어주고 어떻게 하면 제품을 더 많이 팔 수 있느냐가 관건입니다. 예전에 펩시콜라도 코카콜라와 펩시콜라를 맛으로 구별하는 마케팅을 했었는데 성공적이었어요. 저는 스킨 아이스크림보다 우리 아이스크림이 맛있다고 확신합니다. 그리고 이런 마케팅은 소비자의 다섯 가지 감각인 시각, 촉각, 청각, 미각, 후각을 통해서 할 수가 있습니다. 열심히 해보겠습니다."

"후각도요?"

“네.”

동원은 자신이 알고 있던 것들을 설명하기 시작했다.

“원래 마케팅은 시각에 많의 의존합니다. 점포의 간판과 상호 디자인, 케릭터 등이 전부 시각적 효과를 노리는 것이죠. 하지만 시각만으로는 그 효과가 적습니다. 우리가 하루에 수많은 거리의 간판을 보지만 불과 몇 개를 기억합니까. 하지만 청각은 시각보다 훨씬 메시지의 전달 강도가 셉니다. 우리가 어릴 때 듣던 노래들이나 국민의 애창가요 등은 한 번 알게 되면 평생을 기억하잖아요. 미각은……뭐, 음식 맛이 좋은 집에 손님이 모이는 것은 당여하고 촉각과 후각에 대한 배려도 중요합니다. 상점에서 나는 향이 고객의 수에 영향을 미친다는 사실은 이미 널리 알려져 있어요. 간단히 예를 들어 스타벅스나 커피빈에서도 자신만의 독특한 향을 내고 있잖아요. 그래서 후각이 마케팅으로 이용되는 경우가 종종 있습니다.”

“오~ 동원 씨, 언제부터 그런 생각을 한 거예요?”

놀란 희정이 묻는다.

“아, 그게 처음 가게에 들어설 때부터 계속 생각하고 있던 거예요. 이러면 어떨까, 저러면 어떨까 하면서요. 제가 판매관리학과를 나왔잖아요.”

동원은 멋쩍어하며 머리를 긁었다.

"사실 사장님의 아이스크림 맛은 최고인데 장사는 그만큼 안 되는 것 같아 너무 안타까웠거든요. 분명 어딘가 변화를 주면 '맛나 아이스크림'은 대박 날 텐데 말이죠. 그래서 쭉 혼자 생각하고 있던 걸 지금에야 말씀드리는 거예요."

동원은 쑥스러운 듯 머리를 긁적이며 희정의 물음에 대답했다.

지석은 지나치게 열성적인 동원이 마음에 들지 않았다.

'동원이 마케팅을 한다면 기술 전수는 나만 받을 수 있겠군. 어떻게 보면 잘된 일이야.'

지석은 열성적인 동원을 보며 혼자 생각했다.

"자네, 정말 제대로 할 수 있겠나?"

"네! 물론입니다!"

기수는 눈을 감고 약 5초간 고민했다. 그리고 조용히 낮은 목소리로 말했다.

"그래, 그럼 한번 해보지. 자네가 이곳 마케팅을 전담해봐. 열심히 해봐. 그럼 이제 알바가 아니라 직원이 되는 건가?"

기수는 하하 웃었고, 동원은 너무 기뻐 의자에서 벌떡 일어나 기수에게 허리 굽혀 인사까지 했다.

"감사합니다, 사장님! 열심히 해보겠습니다!"

어떻게 보면 별것 아니었지만 동원은 괜히 신이 났다. 드디어 동원에게도 제대로 뭔가 해볼 수 있는 일이 생긴 것이다. 자신의 능력을 확인해볼 수 있는 '일' 말이다. 동원의 마음은 뜨거운 의욕으로 가득 차올랐다.

효주 때문에 자신의 몸속을 뜨겁게 흐르던 피가 식어버렸다고 느꼈는데 의욕이란 녀석이 다시 동원의 피를 뜨겁게 데웠다.

3

동원이 맛나 아이스크림 마케팅 때문에 매장을 비우는 일이 잦아졌다. 지석은 이때가 기회라고 생각했다.

'그래, 이제 희정에게 다가가서 마음을 얻고 기수로부터 아이스크림 제조법을 배우면 목표는 달성되는 거야.'

지석은 가게의 매출액을 살펴보고 주방에 자주 들락거리며 아이스크림 제조법을 알아내려고 노력했다.

그리고 무엇보다 지석은 희정의 마음을 얻기 위해 호시탐탐 기회를 노렸다. 긴 생머리에 화장기 없는 얼굴, 여성스럽고 단아한 행동까지 모든 것이 지석의 마음을 끌었다. 아이스크림 기술도 배우고 희정도 갖고…… 지석은 이런 것이 '꿩 먹고 알 먹기'가 아닌가 하고 생각했다.

계산대 앞에서 정산을 하고 있는 희정 옆에 지석이 바짝 다가

오감 마케팅으로 대박을 꿈꾸다

가서 묻는다.

"희정 씨, 옷도 봄바람을 타고 있네요? 냄새도 좋아요."

"고마워요, 지석 씨."

희정도 지석의 칭찬에 기분이 나쁘지 않은지 씽긋 웃어준다.

지석은 다시 주방으로 들어선다. 주방에서는 기수가 열심히 새로운 아이스크림을 만들고 있었다. 지석은 그런 기수 곁으로 다가갔다.

"사장님, 이건 이번에 새로 만드시는 아이스크림인가요?"

"그렇다네. 초콜릿 맛과 사과 맛을 배합시키려는데 영 맛이 신통치 않아. 색도 그렇고. 고민 중이네."

"아, 그렇군요. 사장님, 혹시 급히 홍보 자금이 필요하시면 제가 삼촌에게 부탁할게요. 그럼 돈을 구할 수 있으니 언제든 말씀해주세요."

지석은 살짝 으스대며 말했다. 사실 지석의 외모는 아이스크림 가게에서 아르바이트하는 알바생치고는 너무 고급스러웠다. 외제차를 비롯해 안경, 구두, 옷…… 몸에 걸친 건 모두 명품이었다. 그 모두가 시급 5000원 받는 아르바이트생으로는 어울리지 않는 것이었다.

가끔 기수가 이 점에 대해 의문을 표시할 때마다 지석은 "사업을 하려면 가장 밑에서부터 배워야 한다고 생각하거든요"라는 말을 했다.

기수와 희정은 지석이 무언가 모르게 썩 마음에 들지는 않지만 그런대로 괜찮은 젊은이라고 생각했다. 하지만 기수는 지석의 도움까지 받아가면서 자금을 동원하고 싶지는 않았다. 기수는 아이스크림을 휘젓던 손을 멈추고 지석을 바라보았다.

"제안은 고맙지만 정말 괜찮네. 자금이 부족해도 내 힘으로 마련해야지."

"……네."

지석은 다소 맥이 빠졌지만 어쨌든 자신의 자금 능력을 보여주었다고 생각했다.

하루하루가 지날수록 동원의 마케팅이 효과가 있었다. 동네에 광고지를 돌리고, 인터넷 카페에서 맛나 아이스크림을 홍보하고, 인터넷 블로그를 만들고, 아이스크림에 새로운 이름을 붙이고, 추첨으로 아이스크림 값을 깎아주고, 주문을 받기 전에 손님들에게 맛나 아이스크림의 매력을 자세히 설명해주고…….

하나하나 바꿔갈 때마다 손님들의 반응은 뜨거웠다. 물론 손님의 수도 점차 늘어나 이제는 하루 300명에 이르게 되었다.

특히 기수가 새로 개발한 양푼 팥빙수 아이스크림이 폭발적인

오감 마케팅으로 대박을 꿈꾸다

인기를 끌면서 맛나 아이스크림의 대표 메뉴로 자리 잡게 되었고, 프랜차이즈를 내줄 수 없느냐는 문의도 심심찮게 들어왔다. 그중 대기업에서 40대에 명예 퇴직한 박진모 사장이 가장 적극적이었다.

"신사동에 이런 맛있는 아이스크림 가게가 있는 줄 몰랐네요. 방배동에도 가맹점 하나 내주세요."

어떻게 보면 대박이었다!

프랜차이즈와 지적재산권 II

프랜차이즈 박람회 

1

그렇게 맛나 아이스크림은 선전에 선전을 거듭하고 있었다.

그런데 갑자기 기수로부터 문자가 왔다.

"긴급영업회의. 오늘 밤 11시."

그날 영업이 끝난 후 매장에 기수, 지석, 동원, 희정이 모였다.

다들 무슨 일일까, 고개를 갸우뚱하는데 윤기수가 경제신문에

나온 [2]프랜차이즈 박람회 광고를 꺼내놓았다.

"매장에 와서 가맹점을 내달라는 사람이 있는데 한 개 가맹점

만 개설하면 비용만 많이 들 것 같으니 이참에 박람회에 나가서 가맹점을 모집하면 어떨까 해서. 한꺼번에 여러 개의 가맹점을 내면 비용도 절감될 것 같고. 그러니 각자 의견을 얘기해보게."

"아빠, 도전해볼 만한 것 같아요. 한번 해봐요."

한동안 광고지를 바라보던 희정이 먼저 말을 꺼냈다.

"계속 프랜차이즈 문의가 들어오니까 박람회에 나가면 승산이 있지 않을까요? 한번 도전해보는 것만도 경험이 되고 뭔가 배울 수 있을 거예요, 사장님. 홍보는 제 담당이니까 열심히 준비해보겠습니다."

흥분한 동원이 얼굴을 살짝 붉힌 채 적극 찬성했다.

"그래. 한번 도전해보는 것도 나쁘지 않겠군. 송 군은 박람회 계획이 어떻게 되는지 알아보고 준비해주게."

"예! 사장님!"

동원은 자신이 하고 있는 일에 점점 재미가 붙었다. 왠지 지석만 떨떠름한 표정이었다.

동원은 박람회 주최 측에 연락해 참가계약을 했다. 부스 하나에 200만 원. 동원은 부스가 두 개는 필요하다고 생각했다. 가맹비는 1000만 원, 인테리어 비용은 평당 100만 원으로 결정했다. 그리고 시식용 아이스크림, 가맹계약서, 맛나 아이스크림에 대

2 프랜차이즈 박람회

1. 프랜차이즈 박람회란?

- 프랜차이즈 박람회는 프랜차이즈 박람회 또는 창업 박람회라는 명칭으로 개최되며 한국프랜차이즈협회와 박람회전문기획업체 등에서 개최하고 있다.

- 매년 3~4월과 9~10월경 두 차례 개최되며 프랜차이즈협회에서 개최하는 박람회가 규모가 비교적 크다. 최근에는 서울시와 경기도 등 지방자치단체에서도 개최한다. 소상공인들의 창업을 지원하기 위해서 엄격한 심사를 거쳐 참가업체를 모집하고 있으므로 민간이 주최하는 다른 박람회보다는 공신력이 있다는 평가를 받는다.

- 보통 300여 개의 부스에 150여 개 업체의 가맹본부가 박람회에 참가하고 있으며 프랜차이즈 가맹사업을 처음 시작하는 신생 가맹본부의 참가가 많은 편이다.

- 박람회 기간은 3일 정도로, 7000~9000여 명의 사람들이 관람한다.

- 박람회에서 가맹점 계약을 체결하는 경우보다는 정보를 취득하고 이를 바탕으로 가맹점 개설에 대한 협상이 진행되는 경우가 많다.

한 소개글 등 박람회 참가에 필요한 준비를 차근차근 했다. 예산은 600만 원. 적은 돈은 아니지만 가맹점 두 개만 계약해도 그 비용은 충당되리라는 게 동원의 생각이었다.

2

드디어 박람회가 개최되었다. 맛나 아이스크림은 박람회에 처음 출전했지만 결과는 성공적이었다. 100여 명이 넘는 사람들로부터 가맹점 개설에 대한 문의가 들어왔고 여섯 개의 매장을 오픈하기로 계약까지 마친 것이다. 처음 출전한 박람회에서 눈부신 성공을 거둔 것이다.

기분 좋게 마지막 계약까지 마무리 지은 박람회 마지막 날 오후 기수는 뜻하지 않게 이완영의 방문을 받는다.

이완영은 왕이라도 납신 듯이 여섯 명이나 되는 직원을 뒤에 거느린 채 거드름을 피우며 맛나 아이스크림 부스를 찾았다.

"어이, 윤기수! 많이 컸구먼. 프랜차이즈 박람회에도 나오고."

이완영은 비꼬듯이 말했다.

기수는 반갑지는 않았지만 마지못해 인사를 했다.

"아, 예, 그냥 좋은 기회인 것 같아서 나왔습니다."

"그래?"

이곳저곳을 훑어보던 이완영이 가소롭다는 듯이 기수를 보며 피식 웃었다. 그 순간 기수는 온몸에 소름이 돋는 것을 느꼈다. 뭔가 좋지 않은 예감이 들었다. 하필 이곳에서 이완영을 만나다니.

"음, 자네가 차린 가게 이름이 뭐였더라? 멋나? 맛있나? 아무튼 용케 잘도 해냈군. 그래, 결과는 좀 어떤가? 계약을 하려는 사람이 좀 있던가?"

이완영이 빈정대듯 물었다. 기수는 또박또박 말했다.

"제 가게 이름은 '맛나 아이스크림'이고, 여섯 건의 계약이 체결됐습니다. 저는 가맹점들을 양심껏 대할 겁니다."

기수의 일침에 웃음을 띠고 있던 완영의 얼굴이 굳었다.

"계약을 몇 개 성사시켰다고 우쭐한 모양인데, 어디 언제까지 웃을 수 있는지 두고 보겠네. 아무튼 박람회나 마무리 잘하게. 그럼."

기분 나쁜 표정으로 홱 돌아서는 완영의 뒷모습을 보면서 기수는 "난 너 같은 인간들과는 달라"라고 중얼거렸다. 그는 사표를 내던 날을 떠올렸다.

가맹점계약을 한 가맹점주인 전 사장이 회사를 찾아왔었다.

"왜 인테리어 평당 단가가 200만 원이나 됩니까? 내 친구가 인테리어 사업을 하는데 스킨 아이스크림에서 지정한 인테리어업체의 시방서대로 하면 평당 100만 원이면 충분하다는데요."

그는 따지듯이 이완영에게 말했다.

사실 이완영은 사촌동생인 이진영에게 사업자등록을 내게 한 뒤 점포 [3]인테리어계약을 몰아주었다. 그러고는 인테리어 비용 5000만 원 중 1000만 원을 리베이트로 받았다. 그러니 인테리어비가 비싼 것은 당연한 일이었다.

"인테리어를 친구의 업체에서 하게 해주시오. 이건 부당한 계약을 강요하는 것 아닙니까? 아무것도 모르는 우리한테 무조건 특정업체와 인테리어계약을 하라는 건 부당합니다. 평당 단가도 미리 정해놓고…… 우리가 봉입니까?"

전 사장이 소리쳤다.

"그게 싫으면 다른 곳으로 가요."

이완영이 쏘아붙였다.

"그럼, 가맹비와 인테리어계약금을 돌려주세요."

3 인테리어에 있어서 지적재산과 공정거래법

프랜차이저(Franchisor: 가맹본부)가 프랜차이지(Franchisee: 가맹점주 또는 가맹점 사업자)들에게 일정한 형태와 양식의 인테리어를 전제로 직접 인테리어 공사를 해주거나 인테리어업체를 지정하면서 부당한 금액에 인테리어 계약을 하게 하는 것은 부당한 계약의 강요로서 독점규제 및 공정거래에 관한 법률(이하 '공정거래법') 23조에서 규정한 불공정거래행위의 금지에 해당할 수 있다. 하지만 프랜차이저가 그 인테리어에 대해 특허권, 의장권, 상표권, 저작권 등 지적재산권을 보유하는 경우에는 자연스럽게 독점계약의 효과를 누릴 수 있다. 이런 점에서 인테리어는 지적재산권과 공정거래법이 충돌하는 영역이 되기도 한다. 즉 프랜차이저가 많은 투자와 연구를 통해 독특한 인테리어를 창출하고 그에 대해 지적재산권을 보유한다면 인테리어 비용에 지적재산권에 대한 부가가치가 포함되어 일반 인테리어 비용보다 높은 금액으로 인테리어계약을 요구할 수 있게 된다. 그러나 그런 노력이나 권리 없이 단순히 프랜차이즈계약을 빌미로 일반 인테리어 비용보다 높은 금액으로 인테리어계약을 강요한다면 공정거래법 위반이다.

"뭘 모르나 본데 가맹계약서에 가맹비는 돌려주지 않는 걸로 되어 있잖소? 그리고 인테리어계약도 이미 도장을 찍었으니 위약금이나 물고 그만두시오."

이완영이 버럭 소리를 질렀다. 얼굴이 벌게진 전 사장은 급히 계약서를 꺼내 읽어보았다.

그랬다. 계약서에는 분명 그렇게 쓰여 있었다.

"가맹비는 어떤 사유로도 반환되지 아니한다. 인테리어계약을 정당한 이유 없이 파기할 경우 그로 인한 손해액은 계약금의 두 배로 한다."

전 사장은 돌로 머리를 얻어맞은 것 같았다. 어째서 이런 계약서에 사인을 한 걸까. 이완영 나쁜 자식.

"⁴이 사기꾼…… 고발해버릴 거야!!"

전 사장은 불편한 심기를 그대로 드러내며 돌아갔다. 이완영은 비열한 웃음을 지으며 "어디를 기어올라? 별것도 아닌 놈이……"라고 혼잣말을 했다. 기수는 그런 이완영을 보면서 마음이 불편했다. 이런 회사에 계속 근무하는 것이 옳은가. 기수는 결국 이건 옳지 않은 일이라는 결론을 내렸다.

기수는 이완영에게 불만을 털어놓기로 했다. 그래도 자신은 창업 멤버가 아닌가.

"사장님, 법도 좋지만 전 사장과 협의를 해서 달래는 게 어떨

프랜차이즈 박람회

까요? 인테리어 비용이 비싼 거는 사실이잖아요. 리베이트도 있고……."

기수가 또박또박 말했다. 그 말을 듣는 순간 이완영의 얼굴이 일그러졌다.

"뭐? 내가 사기를 쳤다고? 이봐, 넌 누구 직원이야? 이 새끼가 보자보자 하니까 내가 물로 보여? 당장 사표 써!!"

이런 말도 안 되는 반응에 기수는 입을 다물 수 없었다.

4 프랜차이즈 가맹본부 및 가맹점사업자의 기본적인 역할

1. 프랜차이즈 본부(프랜차이저)의 준수사항

- 가맹사업의 성공을 위한 사업 구상

- 상품이나 용역의 품질관리와 판매기법의 개발을 위한 계속적인 노력

- 가맹점사업자에게 합리적 가격과 비용으로 점포설비를 설치해주고 상품 또는 용역 등을 공급할 것

- 가맹점사업자와 그 직원에 대한 교육, 훈련

- 가맹점사업자의 경영활동이나 영업활동에 대한 지속적인 조언과 지원

- 가맹계약기간 중 가맹점사업자의 영업지역 안에 직영점을 설치하거나 가맹점사업자와 유사한 업종의 가맹점을 설치하는 행위의 금지

- 가맹점사업자와의 대화와 협상을 통한 분쟁해결 노력

2. 가맹점사업자(프랜차이지)의 준수사항

- 가맹사업의 통일성 및 가맹본부의 명성을 유지하기 위한 노력

- 가맹본부의 공급계획과 소비자의 수요충족에 필요한 적정한 재고유지
와 상품진열

- 가맹본부가 상품 또는 용역에 대하여 제시하는 적절한 품질기준의 준수

- 품질기준의 상품 또는 용역을 구입하지 못하는 경우 가맹본부가 제공하
는 상품 또는 용역의 사용

- 가맹본부가 사업자의 설비와 외관, 운송수단에 대하여 제시하는 적절한
기준의 준수

- 취급하는 상품, 용역이나 영업활동을 변경하는 경우 가맹본부와의 사전협의

- 상품 및 용역의 구입과 판매에 관한 회계장부 등 가맹본부의 통일적 사
업경영 및 판매전략의 수립에 필요한 자료

- 가맹점사업자의 업무현황 및 자료의 확인과 기록을 위한 가맹본부의 임
직원, 그 밖의 대리인의 사업장 출입 허용

- 가맹본부의 동의를 얻지 아니한 경우 사업장의 위치변경 또는 가맹점운영
권의 양도금지

- 가맹계약기간 중 가맹본부와 동일한 업종을 영위하는 행위의 금지

- 가맹본부의 영업기술이나 영업비밀의 누설금지

- 영업표지에 대한 제3자의 침해사실을 인지하는 경우 가맹본부에 대한
영업표지침해사실의 통보와 금지조치에 필요한 적절한 협력

'내가 이런 놈을 위해 일했다니. 이런 놈을 믿고 창업을 같이 했다니.'

기수는 그 자리에서 마음을 굳혔다. 그곳을 떠나기로.

"그만두라면 그만두죠. 사표 씁니다!"

그 말을 내뱉는 순간 아내와 희정의 얼굴이 아른거렸지만 최고의 아이스크림 기술자임을 자부하던 기수는 이런 모욕을 참아낼 수 없었다.

박람회장에서 이완영을 만난 후 윤기수의 머릿속에는 지나간 일이 가득했다.

3

박람회가 끝난 후 동원은 희정과 부쩍 가까워졌다. 동원은 노트북을 펼쳐놓고 이번 박람회 때 계약을 성사시킨 여섯 곳의 가맹점에 대해 이런저런 계획을 세우고 있었다. 희정은 그런 동원의 모습을 유심히 바라보았다. 지금껏 모르고 있었는데 동원은 꽤나 잘생긴 얼굴이었다. 까무잡잡한 피부에 콧대도 그만하면 높고, 눈이 크진 않지만 속눈썹이 길어 매력적이었다. 게다가 추진력이 있고 일도 잘해서 아버지의 가게를 이만큼 성장시킨 그가 믿음직해 보였다. 동원은 자신에게 마음이 있는 것 같은데 노골적으로 표현하지는 않는다. 아니, 마음이 없는 걸까? 희정은 일에 몰두한 그에게 방금 내린 원두커피를 내민다.

"방금 들여온 원두인데 좀 드셔보세요. 콜롬비아산인데 향이 참 좋아요."

"아, 고마워요, 희정 씨. 잘 마실게요."

사실 희정에게 마음이 끌리는 건 동원도 마찬가지였다. 그는 처음부터 희정에게 호감을 느꼈다. 알면 알수록 참 괜찮은 여자였다. 하지만 효주를 완전히 잊은 것은 아니었다. 아직도 효주를 생각하면 가슴 한구석이 찌릿하게 아파온다. 그렇지만 다시 되돌리고 싶지는 않았다. 지금은 효주에게 신경 쓸 여력이 없었다. 동원은 희정을 물끄러미 바라보았다.

효주는 화려하고 당찼으나 희정은 수수하고 조심스럽다. 효주가 귀엽고 통통 튀는 매력이 있다면 희정은 단아하고 여성스러운 매력이 있었다. 어쩜 자신에게는 희정처럼 자신을 잘 챙겨주고 보듬어줄 여자가 필요할지 모른다는 생각이 문득 들었다. 긴 머리를 한 갈래로 쓱쓱 묶어 올린 희정의 단아한 얼굴을 보며 동원은 잠깐 가슴이 두근거렸다.

한편 지석은 희정과 동원이 자꾸 가까워지는 것이 견딜 수 없었다. 기수에게 확실하게 점수를 따고 이 맛나 아이스크림에 제대로 자리를 잡은 것도 모자라 이제는 희정까지 자신에게서 앗아가려 하다니. 지석은 테이블에 놓여 있던 빙수 그릇을 치우다가 동원과 희정의 다정한 모습에 화가 치밀어올라 그만 빙수 그릇을 바닥에 떨어뜨렸다.

"쨍그랑!"

빙수 그릇이 바닥에 부딪혀 산산조각 나자 희정과 동원이 놀라서 지석을 본다. 당황한 지석은 급히 빙수 그릇을 줍다가 그만 유리에 손을 베었다.

"어머, 괜찮아요? 피 나잖아요. 조심하지."

희정은 지석에게로 달려가 피가 배어나오는 손가락을 자신의 앞치마로 감싸 쥐었다. 그 광경을 지켜보던 동원은 기분이 상했다.

"괜찮아요. 크게 벤 것도 아닌데요, 뭐."

지석은 희정의 관심이 동원에서 자신에게로 옮겨오자 기분이 좋아졌다. 게다가 동원의 표정이 잔뜩 구겨지는 것을 보니 아예 날아갈 것 같았다. 그래서 지석은 동원의 약을 올려주려고 동원을 향해 씨익 웃어 보였다.

'역시나 얄미운 자식이다.'

동원은 생각했다.

4

며칠 후 동원은 가맹점 개설에 대해 기수와 의논했다.

"사장님, 지금 계약한 박진모, 천수진 사장을 포함해서 여섯 개 점주들과 연락해서 프랜차이즈 점포 개설에 필요한 사항들을 대충 얘기해놓았습니다. 점주들이 어디에 점포를 개설할지 알려 줘서 각 지역의 상권을 분석해보았습니다. 대부분 위치가 좋아 서 문제는 없습니다. 참, 천수진 점주는 보아둔 가게가 없다고 해서 제가 홍대 앞에 가게를 하나 추천했습니다. 인터넷에 올라 온 점포인데 직접 가보았더니 예전에도 아이스크림 가게였다더 군요. 우리 아이스크림이 입점하면 충분히 경쟁력이 있을 것 같 습니다."

"그랬나? 수고했어. 가맹점 인테리어 건은 어떻게 되어가고 있나?"

"아, 그 인테리어 건 말인데요. 저희 아버지가 인테리어 분야 에 종사하시는데 호텔이나 식당 인테리어는 베테랑이시거든요. 그래서 저희 아버지 회사에 이 공사를 맡겨보시면 어떨까 하는 데…… 사장님 생각은 어떠세요?"

동원은 이번 공사를 계기로 아버지의 사업도 다시 번창하고 가맹점 인테리어도 잘됐으면 하는 바람으로 계획을 세웠지만 혹시라도 기수가 언짢아할까 봐 조심스럽게 의견을 냈다. 기수는 일에 있어 철두철미하고 혈연, 학연, 지연을 내세우는 걸 좋아하지 않았다. 그래서 동원은 더욱 조심스러울 수밖에 없었다. 동원은 조용히 기수의 눈치를 살폈다.

"자네 아버지가 인테리어 분야에 종사하신다고? 왜 진작 말하지 않았나? 자네 아버지라니 한번 만나 뵙고 싶군."

동원은 기수의 반응에 기뻐하며 기수의 손을 꼭 잡았다.

"정말이십니까? 감사합니다!"

동원의 갑작스러운 행동에 기수는 당황하다가 이내 미소를 지었다.

"자네 아버지라면 충분히 믿을 만하지. 참, 공사 예산은 어떻게 될 것 같은가?"

"예, 안 그래도 지금 바로 말씀드리려고 했습니다."

아버지에게 공사를 맡기기로 하자 동원은 기뻤다. 그는 속사포처럼 공사 예산과 계획을 쏟아낸다.

"아버지께 여쭤봤는데 실공사비만 평당 100만 원입니다. 이 가격이면 다른 아이스크림 가게의 평균 인테리어 금액인 평당 150만 원의 75퍼센트 정도입니다."

"음, 괜찮군. 내가 스킨 아이스크림에서 일할 때 이완영은 자기 동생이 운영하는 인테리어업체를 내세워 평당 200만 원의 인

테리어 비를 받았지. 난 그런 식으로 폭리를 취하고 싶지는 않
네. 사실 그런 점 때문에 계속 이완영과 충돌했지. 그래서 결국
쫓겨나다시피 회사를 나왔고. 나는 그런 식으로 배를 불리지는
않겠네. 자네 의견대로 하세. 점주들에게는 양심적으로 실공사
비만 받도록 하세."

"네! 알겠습니다."

인테리어 공사의 경우 조금만 욕심을 내면 더 큰 이익을 챙
길 수도 있었다. 그런데도 양심적으로 실공사비만 받겠다는
기수의 결정에 동원은 큰 감동을 받았다. 그는 기수의 말을 노
트에 얼른 받아 적었다.

곧 인테리어 공사가 시작되었고 가맹점들은 차례로 오픈을 했
다. 이제 맛나 아이스크림 앞에는 탄탄대로가 뻗어 있었다.

5

가맹점들이 오픈한 지 6개월이 지나고 있었다. 가맹점들은 나날이 성장하고 있었고 기수의 맛나 아이스크림 직영점 역시 성업 중이었다. 그날도 정신없이 아이스크림을 만들고, 서빙을 하고, 계산을 하는데 갑자기 우체부가 매장 안으로 들이닥쳤다.

"여기, 윤기수 씨 계십니까?"

우체부는 계산대에 서 있는 희정에게 묻는다. 어리둥절한 희정은 주방에서 주문받은 빙수와 아이스크림을 만들고 있던 기수를 부른다.

"아빠! 우편물이 왔나 봐요!"

천천히 매장으로 걸어 나온 기수가 우편물을 받아들었다. 내용증명우편이었다. 희정, 동원, 지석은 기수 주위에 모여 우편물이 개봉되는 것을 지켜보았다. 이완영의 스킨 아이스크림으로부터 온 통보서였다. 기수는 동그래진 눈으로 조심스럽게 통보서를 읽어 내려갔다.

"영업비밀 및 저작권침해로 인한 영업중단 통보 건."

이게 뭐지?

통보서

수신: 맛나 아이스크림
　　　대표 윤기수
주무: 관리담당자
제목: 영업비밀 및 저작권침해로 인한 영업중단 통보 건
발신: (주) 스킨 아이스크림
　　　대표이사 이완영

발신인은 다음과 같이 통보하는 바입니다.

-------------------- 다　　음 --------------------

1. 먼저 본 통보서를 보내게 됨을 유감스럽게 생각합니다.

2. 귀사인 맛나 아이스크림 윤기수는 발신인 (주)스킨 아이스
　크림에서 사용하는 영업비밀인 아이스크림 제조방법을 아
　무런 허락 없이 사용하고 있으며, 위 기술뿐만 아니라 스킨
　아이스크림에서 사용하는 광고 문안, 테이블보, 간판 등의
　모양과 형상을 그대로 사용하고 있으므로 이는 명백히 부
　정경쟁방지법상의 영업비밀의 침해와 저작권침해에 해당
　하므로 이러한 기술과 내용을 이용한 영업을 중단할 것이
　며 이미 개설된 여섯 개의 가맹점에 대해서도 간판의 철거
　와 영업의 중단을 요청합니다.

3. 위 영업을 계속할 경우 민·형사상의 모든 법적 조치를 취

　할 것임을 통보합니다.

2009. 11. 20.

발신인 (주) 스킨 아이스크림

대표이사 이완영

　기수는 세상이 노래지는 것 같았다. 프랜차이즈 박람회 때 이완영이 "언제까지 웃을 수 있는지 두고 보겠다"고 했던 것이 기억났다. 이완영이라면 법을 악용해서 상대방을 괴롭히는 데 선수가 아니던가. 충격을 받은 기수는 '마른하늘에 날벼락'이라는 말이 실감났다. 아이스크림 기술은 모두 기수의 주도로 개발된 것들이었다. 비록 스킨 아이스크림에 근무할 때 개발하기는 했지만 엄연히 기수가 만들어낸 기술들이었다. 그러니 기수가 그 기술들을 그대로 사용한다 해도 그다지 문제될 건 없을 것 같았다. 문제는 간판, 테이블보, 광고 문안이었다. 그것들은 스킨 아이스크림에서 사용하던 것들이었다. 기수는 별 생각 없이 그것들을 그대로 사용하고 있었다. 상호명만 '맛나 아이스크림'으로 바꾸었을 뿐. 기수는 사실 법에 대해서는 무지한 편이었다. 그는 성실한 기술자로서 열심히 일만 했을 뿐이었다. 모두 충격에 휩싸여 있었다. 어떡하면 좋단 말인가. 희정도 당황했다.

"아빠, 어떡해요?"

"글쎄다, 나는 법은 잘 몰라. 이완영, 이 비열한 자식…… 박람회 때도 속을 긁더니. 아무래도 이완영을 찾아가서 결판을 내야겠다."

기수가 몸에 두르고 있던 흰 앞치마를 풀어헤치려는데 동원이 기수를 막아섰다.

"안 됩니다, 사장님. 사장님이 감정적으로 대응하면 상황은 더 나빠질 거예요. 그러니 참으세요."

"그럼 대체 우리가 뭘 할 수 있겠나? 간신히 우리도, 가맹점들도 자리를 잡아가는데 이완영 이놈이 개인적인 감정으로 이렇게 앙갚음을 하다니……."

기수가 분하다는 듯이 우편물을 움켜쥐었다.

"아빠……."

결국 희정의 눈에서 참았던 눈물이 떨어진다.

"사장님, 억울해도 어쩔 수 없습니다. 아무리 부당하다고 우겨 봐도 상대는 대규모 프랜차이즈 점포를 거느린 스킨 아이스크림이에요. 그러니 우리도 최선을 다해 막아야 합니다. 일단 변호사를 찾아가서 의논하죠."

그때 동원의 머릿속에서 무언가가 떠올랐다. 프랜차이즈 박람회 때 알게 된 이 변호사님. 동원은 가방을 뒤적여 무언가를 찾왔다.

"지난번 박람회 때 프랜차이즈와 관련된 지적재산권에 대해 강의해주셨던 이 변호사님이 있잖아요. 그분 명함을 받아두었으니 연락을 해보는 게 어떨까요?"

6

기수는 명함에 있는 전화번호를 눌렀다.

"법무법인 법여울입니다."

"이 변호사님 부탁합니다."

기수는 이 변호사에게 자문을 부탁했고 이 변호사는 성심성 껏 답변해주었다. 이 변호사의 따뜻한 설명에 기수는 한결 마음 이 놓였다. 몇 차례 전화와 메일로 이 변호사에게 자문을 구한 기수는 경고장에 대한 답변서를 제출했다.

통보서에 대한 답신

수신: (주)스킨 아이스크림
　　　　대표이사 이완영
주무: 관리담당자

제목: 영업중단 등 통보에 대한 답신
발신: 맛나 아이스크림
　　　 대표 윤기수

발신인은 다음과 같이 통보서에 대한 답신을 보내는 바입니다.

------------------------ 다　음 ------------------------

1. 귀사에서 보낸 통보서는 잘 받았습니다.

2. 하지만 귀사가 언급한 영업비밀 부분에 대해 위 아이스크
   림 제조기술은 귀사가 개발했다고 주장하지만 사실 발신인
   회사의 대표인 윤기수가 귀사의 기술자로 있으면서 개발한
   내용으로서 그 기술은 근로자였던 발신인 스스로의 기술이
   므로 본인 스스로 익힌 기술을 본인 스스로 사용하는 것은
   귀사의 기술을 사용하는 것이 아니며 영업비밀 침해에 해
   당하지도 아니합니다.

3. 또한 나머지 광고 문안과 도안 등은 이미 아이스크림 업계
   에서 흔히 사용하는 문구들로서 독창성이 없고 누구나 사
   용 가능한 정도에 불과하므로 이 또한 귀사의 주장은 이유
   가 없습니다.

4. 그러므로 귀사는 귀사의 영업만 하시면 될 것이고, 발신인
   회사의 영업에 대해서는 어떤 피해도 발생하지 않도록 해

프랜차이즈 박람회

주실 것을 당부드리는 바이며, 불필요한 서로 간의 분쟁이
발생하지 아니하도록 해주실 것을 요청하는 바입니다.

2009. 12. 3.

발신인 맛나 아이스크림

대표 윤기수

기수는 경고장에 대한 답신을 보내고도 마음이 편치 못해 며
칠간 잠도 못 자고, 밥도 먹지 못했다. 그러면서도 그는 이완영
이 답신을 받고 협상을 제의해올 것을 내심 기대하고 있었다. 그
러나 이런 기수의 간절한 바람과는 달리 한 달 후 서울중앙
지방법원으로부터 가처분 신청서와 재판 서류가 날아왔다.

7

동원은 재판 서류가 왔다는 말에 마음이 편하지 못하다.

그날따라 일찌감치 잠이 깬 동원은 평소보다 이른 시간에 가
게로 향했다. 그런데 가게 맞은편에는 공사가 한창이었다. 궁금
해진 동원은 마침 물을 마시고 있는 인부에게 물었다.

"무슨 공사예요?"

"아이스크림 가게를 만드는 것 같은데? 이름이 더맛나 스킨 아이스크림이라나……."

동원은 화들짝 놀란다.

'더맛나 스킨 아이스크림이라니.'

이완영은 재판만 준비한 것이 아니라 영업상으로도 전쟁을 선포한 것이다.

그날 오후부터 손님들이 우스갯소리를 했다.

"맛나보다는 더맛나가 더 맛있는 거 아냐?"

"영어로는 The 맛나, 한글로는 더맛나" 머리도 많이 썼네.

"같은 값이면 더맛나 아이스크림을 먹으러 가야지."

더맛나 스킨 아이스크림이 생긴 후 맛나 아이스크림의 매출은 절반 이상 줄어버렸다. 그리고 얼마 후 가맹점주들이 찾아왔다.

"우리 점포 옆에도 더맛나 스킨 아이스크림이 오픈하고 있어요."

"우리가 맛나 아이스크림이니까 그 사람들은 더맛나라는 이름을 사용할 수 없는 거잖아요."

점주들이 따지듯이 물었다. 윤기수와 동원은 아무 말도 하지 못했다.

'아, [5]상표등록, 상표등록을 하지 않았구나! 상표등록을 했으면 더맛나 라는 이름은 사용할 수 없는 건데…….'

동원은 생각했다. 옆에 있던 기수가 이 변호사에게 전화했다.

"오늘 저녁 늦게라도 제 가게로 좀 와주시겠습니까?"

기수는 필사적으로 부탁했다. 그리고 이 변호사가 도착하는

5 상표의 등록요건

상표법 제6조는 상표로 등록할 수 없는 경우를 열거하고 있다.

1) 그 상품의 보통 명칭을 보통의 방법으로 사용하는 방법으로 표시한 표
   장만으로 된 상표

2) 그 상품에 대하여 관용하는 상표

3) 그 상품의 산지, 품질, 원재료, 효능, 용도, 수량, 형상, 가격, 생산방법, 가
   공방법, 사용방법, 또는 시기를 보통으로 사용하는 방법으로 표시한 표
   장만으로 된 상표

4) 현저한 지리적 명칭, 그 약어, 또는 지도만으로 된 상표

5) 흔히 있는 성질 또는 명칭을 보통으로 사용하는 방법으로 표시한 표장
   만으로 된 상표

6) 간단하고 흔히 있는 표장만으로 된 상표

7) 제 1) 내지 6) 외에 수요자가 누구의 업무와 관련한 상품을 표시하는지를
   식별할 수 없는 상표

따라서 '맛나' 라는 용어는 아이스크림의 성질 표시로서 상표의 식별력이
없으므로 상표등록 신청을 해도 등록될 수 없다.

Ⅱ 프랜차이즈와 지적재산권

시간에 맞춰 가맹점주들 중 대표격인 방배점 박진모 사장을 불러들였다.

"원래 '맛나'라는 용어는 아이스크림을 설명하는 용어가 될 수 있으므로 상표나 서비스표 출원을 했다고 해도 상표등록을 받을 수 없습니다. 그래서 프랜차이즈 가맹점을 모집하면서 맛나 아이스크림이라는 상표를 사용하는 건 부적절하다고 볼 수 있지요. 그래서 더맛나 스킨 아이스크림이라는 상표를 써도 이를 막을 수 없을 것 같습니다. 그리고 [6]상호권으로도 우리 측은 맛나 아이스크림, 상대방은 스킨 아이스크림이므로 이 또한 상호권침해가 되기 어렵습니다. 게다가 국내에서 맛나 아이스크림이 저명한 상표가 아니라서 부정경쟁방지법도 적용되기 어려울 듯합니다."

이 변호사가 그 자리를 떠나자 박진모 사장은 한숨을 쉬었다.

"좀 알고나 프랜차이즈 모집을 하지. 아무것도 모르는 사람이 무슨 프랜차이즈는 프랜차이즈야."

"책임져요, 책임져!"

"난 퇴직금 모두를 투자했어요."

박진모 사장은 소리쳤다.

가맹점주의 원성을 가만히 받아내야 하는 기수는 우울했다.

6 프랜차이즈에서의 상호권, 상표권의 활용

1. 상호권

상호란 기업이나 상인이 기업활동이나 영업활동을 할 때 사용하는 명칭을 가리키며 그에 대한 권리를 상호권이라고 한다.

이러한 상호가 좀 더 안전하게 보호받도록 상호등록제도가 마련되어 있어서 개인사업체인 경우에는 선택적으로, 법인기업인 경우에는 반드시 상호를 등기해야 한다.

등기를 하지 않은 상호라도 다른 사람이 부정한 목적으로 유사한 상호를 사용하는 경우 금지청구 및 손해배상청구를 할 수 있다. 등기를 한 경우에는 다른 사람이 동종의 유사한 상호를 사용한다면 부정한 목적으로 사용하는 것으로 추정한다.

상호는 동일한 특별시, 광역시, 시, 군의 범위에만 그 효력이 미치는 것이 원칙이다.

2. 상표권과 서비스표권

상표권은 기호, 문자, 도형 또는 이들의 조합으로 등록된 상표를 독점적으로 사용할 수 있는 권리다. 기업가가 상표를 사용하면서 쌓은 명예나 신용

을 계속 독점적으로 사용할 권리를 보장해줌으로써 경쟁자가 모방하는 것

을 금지하고 고객 관계를 보호하기 위해서 인정되는 제도다.

서비스표권은 넓은 의미의 상표에 포함되는 것으로 서비스업을 영위하는

자의 표장에 대해 인정된다. 상호의 경우 서비스표권으로 보호받는다.

하지만 서비스표권은 넓게는 상표권의 일종으로 상표법에서 함께 규정하

고 있다. 그러므로 자신의 상호로 프랜차이지를 모집하기 위해서는 상표법

상 서비스표로서 출원 및 등록을 신청했어야 한다.

3. 상호권과 상표권의 관계

상호권은 기업이나 영업의 명칭을 말하며, 상표권은 일정한 상품이나 서비

스에 대한 명칭을 말한다. 그러므로 상호는 상표법상 서비스표로 등록할

수 있다.

상호권은 사업장등록이나 법인설립 등을 통해 실질적으로 사용함으로써

성립되나 상표권은 특허청에 등록됨으로써 성립한다.

상호권은 동일한 특별시, 광역시, 시, 군 등 범위가 지역적으로 제한되지만

상표권은 전국적으로 그 효력이 미친다.

상호권은 그 나라에 대해서만 효력이 있으며 국제 간의 등록 협조체계가

미흡하나 상표권은 국제조약 등에 따라 출원절차 등에 대한 협력체계가 구

축되어 있다.

그러므로 프랜차이즈를 하려는 상인은 그 상호에 대해 상법상의 상호는 물

론 상표법상의 서비스권으로도 반드시 등록해두는 것이 좋다.

그리고 이 모든 상황을 빚어낸 이완영을 생각하니 분노가 들끓었다.

　'이완영 이 나쁜 놈……두고 보자.'

Ⅱ 프랜차이즈와 지적재산권

제1차 프랜차이즈 전쟁, 지적재산권

1

"아니, 이, 이런."

기수는 자신의 손에 들린 것들이 무엇을 의미하는지 이해할 수 없었다. 옆에 있던 희정이 묻는다.

"동원 씨, 이게 다 뭐예요?"

"'영업비밀 등 침해 금지 가처분신청서'에, '영업비밀 등 침해 금지 청구의 소'라, 일이 만만찮은데요?"

지석은 두 개의 서류를 가만히 읽더니 고개를 내저었다.

"이거 족히 100장은 넘어 보이는데……."

희정이 참담한 목소리로 말한다. 동원과 기수는 여전히 말이 없다. 기수는 정말 어떻게 해야 할지 앞이 보이지 않았다. 고발을 당하고 피고가 되어 법원의 서류를 받다니! 이런 일은 처음이었기 때문에 무엇을 어떻게 해야 할지 전혀 알 수 없었다. 그래, 알 수 없었다는 표현이 가장 적당할 것이다. 하루 종일 손님은 붐비는데 기수는 영 마음을 잡지 못하고 주방 한구석에 앉아 있었다. 아이스크림은 미리 다 만들어놓았기 때문에 지석과 동원이 그릇에 퍼서 손님들에게 가져다주기만 하면 됐다. 평소의 기수라면 판매할 아이스크림 외에도 새로운 아이스크림이나 스페셜 메뉴도 만들어보며 계속 분주하게 움직였을 텐데 오늘은 영 기운이 나지 않는 것 같았다.

지석은 옆에서 보고만 있을 뿐이었다.

영업시간이 끝나고 퇴근하려는 동원을 기수가 불러 세웠다.

"여보게, 송 군."

"예, 사장님."

"내일 이 변호사를 만나러 가봐야겠네."

"직접요?"

"그렇다네. 지금 일이 심각하게 돌아가고 있는 건 자네도 알지? 무슨 조치를 취하지 않으면 자네와 나의 노력이 모두

 그러니 내일 함께 가주지 않겠나?”

기수는 자신의 손이 떨리는 것도 모르고 말을 이었다. 부탁을 잘하지 못하는 기수가 이런 말을 하기까지 얼마나 많은 고민을 했을지 동원은 마음이 아팠다. 사실 이 모든 일을 벌인 것은 자신의 제안 때문이 아니었던가.

“네, 그럼요. 당연히 제가 같이 가드려야죠.”

그다음 날 아침 기수와 동원은 교대역에 위치한 ‘법무법인 법여울’ 로 들어섰다.

“무슨 일이시죠?”

이 변호사의 비서로 보이는 여자가 기수와 동원에게 묻는다. 기수와 동원은 바짝 긴장하고 있었다.

“예, 오늘 아침에 연락드렸던 맛나 아이스크림에서 왔습니다.”

동원이 대답했다.

“아, 네. 변호사님께서 기다리고 계십니다. 들어오세요.”

동원의 말이 끝나기 무섭게 그녀는 이 변호사의 방문을 열었다. 방 안은 깨끗했다. 먼지 하나 없는 가구들이 방 안을 꼭 메우고 있었다. 그리고 그 가운데 이 변호사가 앉아 있었다. 기수와 동원은 이 변호사가 전화 통화를 마칠 때까지 잔뜩 움츠린 채 맞은편에 앉아 있었다. 이 변호사가 전화를 끊고 기수와 동원의 앞으로 다가앉았다.

"아, 윤기수 사장님?"

"예."

"[7]프랜차이즈와 지적재산권 케이스군요. 지난번에 받으신 내용증명과 연결된 내용이군요."

7 프랜차이즈와 지적재산권

지적재산권은 인간의 정신활동에 의해 만들어진 것들 중 산업 혹은 예술상 보호 가치가 있어서 일정한 이익을 향유할 수 있도록 법이 인정하는 것이다. 지적재산권에는 특허권, 상표권, 의장권(디자인권), 저작권, 영업비밀, 컴퓨터프로그램권 등이 있다. 지적재산권은 프랜차이즈와도 깊은 관계가 있다. 프랜차이즈 사업을 하는 프랜차이저나 가맹점을 하려는 프랜차이지들은 항상 그 사업과 관련된 아이디어가 무엇이고 그에 대한 지적재산권이 무엇인지, 프랜차이저가 어떤 아이디어를 가지고 있고 그에 대해 어떤 권리를 가지고 있는지 항상 주의를 기울여야 한다. 프랜차이저의 브랜드가 상표법상 보호를 받고 있는지, 프랜차이저가 관련 영업에 대해 특허권, 저작권, 영업비밀 등을 가지고 있는지를 미리 알아보아야 한다. 그것으로 그 프랜차이저의 성장 가능성 등을 알 수 있고, 그에 따라 적정한 로열티 내지 가맹비가 정해지는 것이다.

이 변호사는 서류를 넘기며 중얼거렸다.

"예?"

프랜차이즈 케이스, 지적재산권 케이스라니. 동원과 기수는 어안이 벙벙하다. 하지만 이 변호사는 이런 반응이 처음이 아니라는 듯이 자세하게 프랜차이즈 케이스에 대해 설명을 늘어놓는다.

"프랜차이즈는 프랜차이저가 가지고 있는 브랜드나 영업의 노하우를 프랜차이지에게 나누어주는 것입니다. 따라서 프랜차이즈의 핵심은 프랜차이저가 가지고 있는 아이디어와 지적재산권입니다. 그래서 이 사건의 경우 지적재산권적인 측면에서 프랜차이즈를 이해하고 접근해야 합니다. 그리고 그 지적재산권은 상표, 특허, 디자인권, 저작권, 영업비밀 등으로 구성되어 있고 이런 지적재산권은 라이선싱, 프랜차이즈 계약, 근로계약, 독점판매계약 등을 통해 활용되는 한편 다양한 이해관계를 형성합니다."

이 변호사의 설명이 끝났지만 기수와 동원은 여전히 모르겠다는 표정이다. 대체 이게 다 무슨 말인가. 도무지 이해할 수 없었다. 그래서 가장 궁금한 질문을 던졌다.

"저, 그래서 저는 어떻게 되는 겁니까?"

윤기수의 질문에 이 변호사는 서류를 넘기며 대답했다.

제1차 프랜차이즈 전쟁, 지적재산권

"아무리 자신이 개발한 기술이라도 자신이 소속된 회사의 업무상 개발한 것이라면 그 회사의 [8]영업비밀이 될 수 있습니다. 이 경우 그 회사의 영업비밀은 법적으로 보호될 가능성이 많으므로 퇴직 후에도 누설해서는 안 되지요. 그 기술이 기술자 한 명의 노력과 비용으로 개발된 것이 아니라면 더더욱 그렇죠. 그리고 스킨 아이스크림이 사용하던 간판과 테이블보

그리고 일부 인테리어, 광고 문안 등도 유사하다고 판단될 수 있습니다."

"그러면 스킨 아이스크림이 유리하다는 말입니까?"

"예, 뭐, 그렇게 볼 수 있지요. 하지만 영업비밀로 보호받기 위해서는 첫째, 보호 대상이 비밀로 유지되어 있어야 하고 둘째, 보호 대상이 비밀로 유지되도록 노력을 기울여야 하고 셋째, 영업비밀이 어느 정도의 가치를 가지고 있어야 합니다. 그리고 나머지 원고의 주장은 특허나 상표가 아니라 광고 문안과 도안 등에 대한 것이므로 저작권 문제인데, 저작권은 창작성과 예술성이 인정되어야만 저작물로 인정됩니다. 영업비밀은 아이디어를 보호하는 것이지만 저작권은 표현을 보호하는 것이므로 아이디어가 동일하거나 비슷하더라도 저작권침해는 성립하지 않을 수도 있습니다. 이런 점에서 피고인 윤 사장님이 다투어볼 여지가 있습니다."

이 변호사는 열심히 설명했지만 기수는 대체 이 모든 말이 무슨 의미인지 여전히 100퍼센트 이해할 수 없었다. 내가 이길 수 있다는 걸까, 이길 수 없다는 걸까. 기수는 이 모든 설명 대신 자신이 이길 수 있는지, 없는지를 속 시원히 얘기해주었으면 좋겠다고 생각했다. 기수는 다시 한 번 묻는다.

"그래서 저는 어떤 상황입니까? 제가 불리한 겁니까?"

"현재로서는 단정 짓기 어렵지요. 하지만 일단 상황만 놓고 보면 불리합니다. 다만 영업비밀과 저작물에 대한 논쟁은 해볼 만합니다."

이 변호사의 사무실을 나오면서 기수는 더 큰 근심에 빠졌다.

'변호사들은 다 저런 걸까? 왜 속 시원하게 대답해주지 않는 거지? 내가 이길 수 있으면 이길 수 있다, 이길 수 없으면 이길 수 없다고 말해주면 될 것을 왜 자꾸 말을 돌리는 거지? 열심히 앞만 보고 달려왔는데 도둑 취급이나 받고.'

이 변호사의 사무실을 나오면서 더 어두워진 기수의 얼굴을 보며 동원도 덩달아 마음이 무거워졌다. 조금은 승산이 있다는 이야기를 들었지만 왜 이리 속이 편치 않은 걸까? 동원도 기수 옆에서 말없이 근심에 잠겼다.

2

문득 기수는 법원 근처에서 식당을 하고 있는 친구가 생각났다.

"여보게, 송 군. 나는 잠깐 친구 좀 만나고 가겠네. 먼저 가게에 가게. 나도 금방 갈 테니."

"아, 네. 알겠습니다. 가게는 걱정 마시고 다녀오세요."

동원은 기수를 남겨두고 지하철로 사라졌고 기수는 휴대전화를 꺼내 친구에게 전화를 걸었다.

"이봐, 희범. 식당인가?"

"아, 기수, 자넨가? 나야, 당연히 식당이지."

"응. 그럴 줄 알았네. 지금 자네 식당 근처인데 잠깐 나올 수 있겠나? 술 한잔 사겠네."

"아, 지금 점심시간이라 정신없는데. 자네가 식당으로 오지."

"그래? 그럼 내가 가겠네."

전화를 끊은 기수는 잠시 후 친구 희범의 식당에 도착했다. 희범은 법원 근처에서 물회집을 하고 있었다. 희범은 중학교 때부터 한 동네에서 자라 지금까지 연락을 주고받는 기수의 몇 안 되는 절친한 친구였으므로 기수는 편안한 마음으로 식당에 들어섰다. 식당에 들어서니 음식을 앞에 둔 사람들이 서류 뭉치를 펴든 채 삼삼오오 이야기를 나누고 있었다. 대부분 자신이 휘말린 소송사건에 대한 이야기인 것 같았다.

기수는 조용히 빈자리에 앉아 손님들에게 식사를 나르는 희범을 보았다. 세월이 참 빠르다는 생각이 들었다. 까까머리에 가방을 옆에 끼고 함께 등교하던 것이 엊그제 같은데 어느새 이렇게 시간이 흘러 희범은 식당 사장으로, 자신은 아이스크림 가게 사장으로 있다는 것이 새삼 신기하게 느껴졌다. 희범의 머리를 하얗게 수놓은 흰머리들도 모두 세월의 고단함 때문이겠지. 기수가 희범을 보며 옛 생각에 젖어 있는데 희범은 구석진 자리에 앉아 자신을 보고 있는 기수를 발견하고는 반가운 듯 다가온다.

"아니, 왔으면 왔다고 부를 것이지 거기 가만히 앉아 있는 건 또 뭔가."

희범이 장난스러운 목소리로 기수에게 말했다.

"바빠 보여서 어디 말을 붙일 수가 있어야지. 장사는 잘되고?"

"뭐 그럭저럭. 굶어 죽진 않고 있네. 하도 경기가 안 좋아서 손님은 많이 줄었지. 그나저나 자네가 법원 근처엔 웬일인가?"

기수는 자신에게 일어났던 일들을 빠짐없이 희범에게 털어놓았다. 기수의 얘기를 다 들은 희범은 걱정스러운 얼굴로 아무 말도 하지 못했다.

"그렇게 된 거라네. 이제 어떻게 하면 좋을지 잘 모르겠네. 자네도 알다시피 나는 평생 아이스크림만 만들지 않았나. 그러니 소송이니, 재판이니 하는 것들을 알 리가 없지."

기수는 말을 마친 후 소주를 한 잔 들이킨다. 매운탕은 이미 식어 더 이상 김이 올라오지 않았다.

"내가 여기 법원 근처에서 식당만 15년을 하다 보니 변호사 사무실에서 근무하는 사람들을 많이 알게 되었네. 좀 알려줄까?"

"그래? 그럼 좀 알려주게."

"잠깐만 기다리게. 명함을 어디다 뒀는지 좀 찾아봐야겠네."

희범이 자리를 뜨자 기수는 다시 소주잔을 비운다. 마지막 잔이다. 희범이 돌아오자 기수가 명함들을 받고 일어선다.

"언제든 힘들면 찾아오게. 내가 뭐 크게 해줄 일은 없어도 식사와 소주 정도는 언제든지 대접하겠네."

"고맙네, 희범."

기수는 희범의 손을 꼭 잡아 고마움을 표한 다음 희범이 소개한 세 군데의 변호사 사무실을 찾아다녔다. 하지만 기수는 더욱 혼란스럽기만 할 뿐이었다. 소송에서 반드시 승소할 수 있다고 자신 있게 말하는 곳도 있고, 수천만 원의 수임료를 요구하는 곳도 있었다. 사업도 어려운데 [9]훌륭한 변호사를 만나는 일도 사업 못지않게 어려웠다.

3

기수는 가게에 들르지 않고 곧장 집으로 돌아왔다. 아까 먹은 소주 탓인지 머리가 더 어지럽기만 했다. 옷장 위에 놓인 소장이 생각났다. 소장과 함께 들어 있던 심문기일통지서도. 다른 사람들은 몇 년씩이나 소송을 하던데 이 건은 벌써 재판일이 잡혔다. 기수는 억울하기만 했다. 대체 이완영이란 놈은 자신에게 왜 그러는 걸까? 무슨 억하심정으로 자신에게 그러는지 기수는 답답하기만 했다. 하긴, 박람회 마지막 날 기수가 완영에게 한 말을 떠올리니 이완영의 그 꼬인 성격에 자신을 가만히 둘 리는 없다는 생각이 들었다. 하지만 이렇게까지 치사하게 나올 줄은 몰랐다.

'이제 어떡하면 좋을까? 아, 이완영을 찾아가서 사정을 해야 할까? 아니야, 아니야. 그럴 순 없어. 이완영이 프랜차이즈 가맹점들을 어떻게 대하는지 누구보다 내가 잘 알지 않는가.'

그랬다. 이완영은 가맹점들에 대해 무자비할 정도로 악덕 행

9 변호사가 추천하는 좋은 변호사 선택 기준

- 선임료가 너무 고가인 변호사는 피한다.

- 인맥을 중점적으로 홍보하는 변호사는 피한다.

- 실무형의 성실한 변호사를 찾는다.

- 전문성이 필요한 사건의 경우 해당 분야에 전문적인 경험이 있는 변호사를 찾는다.

- 성공불을 조건적으로 과대하게 요구하는 변호사는 피한다.

- 그 사건 분야에 관심이 많은 변호사를 찾는다.

위를 일삼았다. 가맹계약을 해제하거나 해지할 경우 무조건 가맹비를 몰수했고, 가맹점의 인테리어 공사는 무조건 사촌 동생이 하는 동진인테리어와 계약하게 했다(평당 200만 원의 공사비 중 20퍼센트는 커미션으로 이완영에게 흘러들어갔다). 또한 가맹점주가 매달 내야 하는 운영 로열티를 두 번만 미납해도 퇴출당했고, 영업이 잘되는 점포의 경우 강제로 가맹점계약을 해지당하거나 계약연장을 받지 못하고 이완영에게 점포를 빼앗겼다. 공급 제품에 30퍼센트의 이윤을 붙여 폭리를 취했을 뿐 아니라 분기별 광고 제품을 강제로 구입하게도 했다. 본점이 부담해야 할 물류 비용을 가맹점에 전가하는 것은 물론 돈이 필요한 가맹점주에게 고리로 사채까지 빌려줬다.

프랜차이저가 저지를 수 있는 악덕 행위를 모두 저지르던 이완영이 기수의 사정을 들어줄 리 만무했다. 이완영의 악덕 행위에 반기를 들었다가 스킨 아이스크림에서 쫓겨나듯 퇴직한 기수는 노동부에 고발하겠다는 협박 아닌 협박을 하고서야 간신히 퇴직금도 받지 않았던가. 옛 일을 떠올리던 기수는 이완영을 찾아가 사정해도 씨알도 먹히지 않으리라는 사실을 깨달았다.

'가맹점을 모집하지 않았더라면 좋았을걸. 그럼 나 혼자만 그만두면 그만인데……. 나를 믿고 점포를 개설한 점주들은 어떻

게 한담…….’

아무리 변호사들을 만나고 다녀도 해결은 나지 않는다.

‘그래, 가장 처음 만나봤던 이 변호사가 그나마 제일 나았어. 가장 인간적이잖아. 게다가 지난번 내용증명에 대한 답변서도 써줬고. 내일 일찍 이 변호사에게 소송을 부탁해야겠다.’

밤새 잠을 이루지 못하고 뒤척이던 기수는 새벽녘이 되어서야 겨우 잠이 들었다.

4

다음 날 기수는 가맹점주들을 모두 불러 모았다. 소송이 들어온 것을 다른 경로를 통해 알기 전에 미리 설명해두는 것이 도리라고 생각했던 것이다.

기수는 현재의 상황에 대해 설명하기 시작했다.

“다들 모이시라고 한 것은 다름이 아니라 현재 우리가 겪고 있는 어려움을 설명하고 우리가 어떤 조치를 취할 것인지를 설명하기 위해서입니다. 스킨 아이스크림에서 우리에게 소송을 걸었습니다. 아이스크림 제조 기술, 간판과 테이블보의 디자인, 광고 문안 등을 우리가 무단 도용했다는 겁니다.”

가맹점주들이 웅성거리기 시작했다.

"아니, 그게 사실입니까?"

홍대점 천수진 사장이 빽 소리를 질렀다.

"제 말을 끝까지 들어보세요."

"그럼 뭡니까?"

다시 천수진 사장이 소리를 질렀다. 기수는 이미 땀으로 온몸이 젖었다. 화가 난 가맹점주들을 진정시키는 것은 여간 어려운 일이 아니었다.

"일단 간판과 테이블보가 스킨 아이스크림과 비슷한 것은 사실입니다. 아, 천 사장님, 제 얘기를 끝까지 들어보세요."

다시 항의하려는 홍대점주를 기수가 저지하고 말을 이었다.

"하지만 이건 빠른 시일 내에 바꿀 생각이니 걱정하지 마세요. 그리고 그에 대한 공사비용은 저희가 댈 테니 그 부분에 대해서도 전혀 신경 쓰지 않으셔도 됩니다."

"그럼 아이스크림 제조기술을 도용했다는 건 뭡니까, 대체?"

이번엔 신촌점주가 묻기 시작했다. 기수는 이마 위로 흐르는 땀을 손등으로 대강 훔쳐냈다. 동원이 나섰다.

"아, 그건 정말 말도 안 되는 겁니다. 아이스크림 제조기술은 모두 저희 사장님이 직접 만든 겁니다. 이 문제에 대해서도 걱정하지 않으셔도 됩니다."

95

"정말입니까?"

의심스러운 듯이 신촌점주가 물었다. 동원은 가맹점주들이 한결 진정된 것 같아 한시름이 놓였다. 하지만 동원도 흐르는 땀을 어쩔 수가 없었다.

"예, 모든 일을 빠른 시일 내에 해결할 계획이니 가맹점주 여러분은 걱정하지 마세요. 저희가 반드시 해결하겠습니다."

"그래도 스킨 아이스크림이라면 엄청나게 큰 회사가 아니던가요? 그런 회사를 상대로 법적 분쟁에서 이길 수 있을까요?"

이번에는 인천점주의 질문이다. 기수는 정말 모든 것을 팽개치고 도망가고 싶은 기분에 휩싸였다. 하지만 도망갈 수 없었다. 이제껏 자신이 힘겹게 쌓아온 일을 이렇게 한순간에 무너뜨릴 수는 없었다. 기수는 다시 흐르는 땀을 닦아내고 대답했다.

"그래서 유능한 변호사님에게 의뢰할 계획입니다. 스킨 아이스크림의 억측이 난무한 소송인 만큼 우리가 이길 수 있는 여지는 충분합니다."

"그런데 소송에서 이겨도 문제네. 이 업계에서는 대기업인 스킨 아이스크림과 더 치열하게 경쟁해야 할 판이니……."

강남점주가 걱정스러운 듯이 이마를 문지르며 말을 꺼냈다. 강남점주의 말을 들은 다른 가맹점주들도 다시 웅성거리기 시작했다.

기수가 가맹점주들의 맹공격을 받는 동안 지석은 주방에 앉아 꼼짝도 하지 않았다.

가맹점주들이 모두 돌아간 후 기수도 일찌감치 집으로 돌아갔다. 동원은 매장 테이블에 홀로 앉아 지끈거리는 머리를 붙잡고 있었다. 그때 희정이 동원의 곁으로 살며시 다가오더니 자신의 손에 들려 있던 따끈한 차를 내밀었다.

"많이 힘들었죠? 이것 좀 마셔봐요. 기분이 좀 나아질 거예요."

동원은 희정이 내미는 찻잔을 두 손으로 받아 쥔다. 뜨끈한 김이 올라오는 차를 보는 것만으로도 절망스러웠던 기분이 조금은 나아지는 듯했다.

"고마워요, 희정 씨. 잘 마실게요."

동원은 차를 한 모금 마신다. 희정은 동원이 무척이나 고마웠다. 희정은 동원의 손에 자신의 손을 살며시 포개어놓았다. 갑작스러운 희정의 행동에 놀란 동원은 고개를 들고 희정을 바라본다. 희정의 눈은 깊고 그윽했다.

5

기수는 재판 날이 가까워올수록 깊은 수심에 잠겼다. 동원과 희정이 옆에서 열심히 위로하며 기운을 북돋아주려고 해도 기수는 여전히 무기력하게 주방 의자에 앉아 한숨을 쉬고 있었다. 지석은 그런 기수 옆에서 아이스크림 제조기술을 열심히 묻고 있었다.

'많은 것을 익혔군. 이제 조금만 더 하면……'

지석은 겉으로는 기수와 희정을 걱정하는 척했지만 속으로는 실실 웃고 있었다. 사실 그는 지금 이 상황을 즐기고 있었다. 하지만 다른 사람들에게 자신의 속마음을 들키지 않으려고 웃음을 꾹 참고 있었다.

"사장님, 당장 재판이 코앞인데 소송을 의뢰해야죠."

동원이 말했다. 지석은 쫑긋 귀를 세웠다. 지석은 가끔 동원이 이해되지 않았다. 왜 저리 이 일에 열심인지.

"네, 내일 아침 당장 변호사를 찾아가시죠."

"그래요, 아빠. 서둘러야 해요. 그리고 기운 좀 내세요. 이렇게 축 처져 있으면 될 일도 안 되겠어요."

"그래, 그래야지……."

희정의 격려에도 기수는 여전히 어깨가 축 늘어져 있었다. 동

Ⅱ 프랜차이즈와 지적재산권

원은 그런 기수를 보면서 세상이 착한 사람을 위한 곳이 아니라는 사실을 깨닫는다.

'사장님 같은 사람이 이런 어려움에 처하다니…… 세상은 불공평하다. 착하게 열심히 살아도 이런 일을 겪는구나. 사업을 키우려면 열심히 하는 것만으로는 안 되는구나. 이번에 사장님을 도우면서 많이 배워야겠다.'

그다음 날 아침 동원은 이 변호사에게 소송을 맡기기 위해 기수와 함께 법여울 사무실로 향했다. 기수와 동원이 법여울 사무실로 들어서자 전과 다름없이 이 변호사의 비서가 그들을 맞이했다.

"변호사님이 기다리고 계십니다. 들어가세요."

기수와 동원은 비서가 열어주는 문을 지나 이 변호사의 방으로 들어섰다. 방 한가운데 놓인 책상에는 각종 서류철이 쌓여 있었고 이 변호사는 그 사이에서 정신없이 서류들을 살펴보고 있었다.

"변호사님, 윤기수 씨 오셨습니다."

비서의 말에 고개를 든 이 변호사가 기수와 동원을 발견하고는 미소를 지었다.

"아, 오셨군요. 앉으세요."

기수와 동원은 처음만큼 긴장하지는 않았지만 여전히 이곳이 어렵게만 느껴졌다. 기수는 여전히 꿀 먹은 벙어리처럼 입을 꾹 다물고 있었고, 동원은 이 변호사를 가만히 바라만 보았다.

"자, 소송을 의뢰하신다고 하셨죠? 확실히 저와 일하기로 하셨나요?"

"네, 그렇습니다."

"네, 그럼 그때 간단히 상황에 대해 말씀드렸죠?"

"예."

"그런데 변호사님."

입을 꾹 다물고 있던 기수가 입을 열었다.

"네."

"저, 선임료는 어떻게 됩니까?"

"부가세를 포함해서 550만 원입니다."

선임료를 들은 기수는 한시름이 놓였다. 기수가 만난 변호사들 중에는 터무니없는 고가의 선임료를 부른 변호사들도 몇몇 있었다. 그 때문에 기수는 선임료에 대한 부담이 이만저만이 아니었다.

"제가 이 사건을 맡으면서 확실하게 말씀드릴 수 있는 것은 한 가지뿐입니다. 바로 승소를 자신할 수 없다는 겁니다. 그리고 미

리 소송에 대비해두지 않으면 재판이 시작되었을 때 많이 힘들
어질 수 있습니다."

이 변호사의 말을 듣던 동원은 기수같이 양심적인 사람이 소
송을 당한 것이 억울하기만 했다.

"대체 왜 윤 사장님이 이런 부당한 소송을 당해야 하는지 모르
겠습니다. 게다가 아무 죄도 없는데 왜 윤 사장님이 불리한 겁니
까?"

이 변호사는 계속 설명했다.

"현대 사회는 여러 가지 이해관계가 복잡하게 얽혀 있습니
다. 특히 사업은 더더욱 그럴 수밖에 없습니다. 이러한 복잡
한 이해관계를 합리적이고 정의롭게 규율하기 위해서 국회
에서 법을 만듭니다. 결국 법이란 경기에서 지켜야 할 룰과
같은 것이지요. 경기에 참가한 선수가 그 룰을 모른다면 아
무리 열심히 연습하고 정당하게 경쟁하더라도 결국에는 경
기에서 실격당하거나 질 수 있습니다. 룰을 이용해 유용한
공격과 방어를 하지 못하게 되어 현명한 경기 운영에 실패하
는 거지요. 적어도 사업을 하는 사람은 그 사업과 관련된 룰
들을 익힌 다음 영업전략을 세워야 합니다. 만약 윤 사장님
이 맛나 아이스크림을 시작하기 전에 이런 점들을 점검했더
라면 훨씬 좋았겠지요."

제1차 프랜차이즈 전쟁, 지적재산권

자신의 무지 때문에 이런 일들을 겪고 있다고 생각하니 기수는 부끄러웠다. 모두가 아이스크림이 좋아서 시작한 일이었다. 그저 사업에 대한 약간의 상식과 양심만 있으면 모든 것이 순조로울 줄로만 알았다. 게다가 기수는 사업이 이렇게 커질 줄은 몰랐기 때문에 아무런 대책도, 준비도 하지 않았다. 그래서 기어이 이 사단이 나고야 만 것이지만.

'진작 공부 좀 해둘걸. 나는 왜 이리 아둔할까?'

이 변호사의 말을 들으며 기수는 그저 마른 침만 삼킬 수밖에 없는 자신이 너무 싫었다. 동원도 이 변호사의 말을 들으면서 너무 성급하게 프랜차이즈를 추진한 것은 아닌가 하는 후회를 했다. 그리고 기수와 마찬가지로 제대로 공부하지도 않고 덥석 일을 벌인 자신을 책망했다. 하지만 동원은 용기를 내서 이것저것 궁금한 것들을 묻기 시작했다.

"그럼 프랜차이즈 사업을 하는 데도 룰이 있나요?"

동원의 질문에 이 변호사가 성실히 대답해주었다. 가만히 앉아서 자신을 책망하던 기수도 이 변호사의 말을 들으니 어느 정도 프랜차이즈 사업과 관련된 룰을 알 것 같았다.

기수와 동원이 질문 공세를 끝내자 시간은 벌써 한 시간이나 훌쩍 지나 점심시간이 가까워져가고 있었다. 기수와 동원은 사업을 하기 전에 알아두어야 할 법률에 대해 어느 정도 감을 잡았지만 지금 당장은 일주일 앞으로 다가온 재판이 문제였다. 이 변호사와 의논해야 할 것들이 태산이었다.

"당장 재판이 일주일 뒤죠?"

이 변호사가 동원과 기수에게 묻는다.

"네, 당장 일주일 뒤입니다. 준비된 것이라고는 하나도 없는데 어떡하면 좋을까요? 재판에서 지면 절대 안 됩니다."

절박함이 느껴지는 기수의 말에 이 변호사는 약간 미소를 지어 보였다.

"저도 최선을 다하겠지만 워낙 변수가 많은 사건이라서 어떻게 결론이 날지는 확답을 해드릴 수가 없습니다. 지금 확답해드릴 수 있는 것은 제가 최선을 다할 것이고, 설사 재판에서 지더라도 피해를 최소화하기 위해 노력할 것이라는 점입니다."

이 변호사의 진실한 대답에 기수의 불안이 약간은 누그러지는 듯했다.

'역시 이 변호사에게 맡기길 잘했군.'

동원도 기수와 같은 생각을 하며 이 변호사를 믿음직스럽다는 시선으로 바라보았다. 이 변호사는 동원과 기수에게 설명하기 위해 펼쳐놓은 각종 서류와 법학 서적을 정리하며 자리에서 일어섰다. 동원과 기수도 덩달아 일어섰다.

제1차 프랜차이즈 전쟁, 지적재산권

"자, 오늘은 여기까지 하죠. 일주일 후에 재판을 받으려면 저도, 사장님도 준비할 게 많습니다. 만만치 않은 싸움이 될 겁니다."

이 변호사의 비장한 말투에 기수와 동원은 다시 긴장으로 얼어붙었지만 아무것도 모를 때와는 다른 긴장이었다.

"그럼 재판 날 뵙죠. 그 사이에 전화나 이메일로 연락하겠습니다."

이 변호사는 동원과 기수에게 악수를 청했다. 동원과 기수는 일주일 후에 있을 재판이 걱정스러웠지만 믿음직한 이 변호사의 손을 잡으며 다시 전의를 불태웠다.

뛰는 놈 위에 나는 놈!

1

불이 꺼진 사무실. 이완영은 의자에 몸을 기댄 채 눈을 감고 있다. 그는 무언가를 생각하듯이 미간을 잔뜩 찌푸리고 있다. 이완영의 뒤로 커다란 원목 책상이 보인다. 먼지 하나 없는 깨끗한 책상 위에는 이완영의 결제를 기다리는 서류철들이 가지런히 쌓여 있다. 이완영은 자신이 우리나라 아이스크림 프랜차이즈 업계에서 최고가 되기 위해 부단히 노력해왔다고 생각한다. 그리고 그 방법이 옳은지 그른지는 그다지 중요한 문제가 아니라고 생각한다.

프랜차이즈 점주들로부터는 악덕 사업가라는 손가락질을 받았고 회사 내에서도 자신의 경영 방침에 대해 말들이 많았지만 결국 한국 최고의 아이스크림 프랜차이즈 기업을 일구어내지 않았던가.

외국에서 들어온 국제적인 아이스크림 프랜차이즈보다 더 많은 점포를 보유하고 있으니 아무 길이든 목적지에만 닿으면 그만이라고 생각하는 그였다. 그래, 사업은 이렇게 하는 거야.

하지만 이완영에게도 고민이 생겼다. 그는 최근 빙과류 회사인 '하나빙제과(주)' 의 빙과류 제조 공장에 100억 원이나 되는 돈을 투자했다. 모두 500억 원이 들어가는 공장 건축 사업에 이완영이 100억 원, 하나빙제과가 100억 원을 투자하고 나머지 300억 원은 금융기관의 대출을 받을 계획이었다. 그런데 갑자기 경기 침체로 하나빙제과의 자금사정이 어려워졌다. 하나빙제과는 사업 진행이 어렵다면서 이완영에게 자신들의 지분을 인수해달라고 제의했다.

이완영은 그 제의를 거절할 수밖에 없었다. 이미 100억 원을 투자했는데 또다시 100억 원을 투자하라니, 이것은 이완영의 능력을 벗어난 일이었다.

완영은 자신이 100억 원을 만들기 위해 어떤 수모를 겪었는지 생각했다. 가맹점주들의 온갖 성화와 회사 직원들의 따가운 눈총들.

'아, 투자가 엎어지면…….'

완영은 두 눈을 힘주어 감았다. 상상하기도 싫은 일이었다.

'내가 어떻게 만든 돈인데……. 아직 시간 여유가 있으니 조금만 기다려보자.'

완영은 이제 사무실 안을 서성이기 시작한다. 그리고 어떻게 하면 이 어려움을 타개할 수 있을지 생각한다.

그 순간 인터폰이 울리더니 비서의 목소리가 들린다.

"사장님, 하나빙제과 방 사장님이 전화하셨습니다."

이완영은 바로 전화를 받았다.

"이완영 사장님, 하나빙제과 방영모입니다. 지난번에 부탁드린 지분인수 건 때문에요."

"아, 예, 그런데 저도 자금이 딸려서요."

"저의 투자 금액이 100억 원이니 이를 담보로 70억 원만이라도 빌려줄 분을 알아봐주셨으면 합니다. 소개료는 후하게 드리겠습니다."

순간 이완영은 금성룡을 떠올렸다.

이완영은 주변에 돈을 빌려달라는 사람이 있을 때마다 고리로

뛰는 놈 위에 나는 놈!

돈을 빌려주었다. 만일 자신에게 충분한 돈이 없으면 금성룡에게 돈을 빌린 다음 이 돈을 다시 고리로 빌려주었다. 그가 이런 식으로 돈을 빌려준다는 소문은 프랜차이즈 가맹점주들과 직원들에게 파다하게 퍼져 있었다.

이완영은 금성룡에게서 70억 원을 빌려다주면 그 이자 차액이 얼마나 될지, 그리고 소개료는 얼마나 될지 생각했다.

"아, 예. 그러면 이자와 소개료는 얼마나 주실 수 있나요?"

"이자는 월 5부, 소개료는 5퍼센트를 드리겠습니다."

"그렇게 많이요?"

순간 이완영은 소리를 지를 뻔했다. 70억 원의 5퍼센트면 3억 5000만 원, 그리고 월 5부 이자면 월 3억 5000만 원이 아닌가.

하나빙제과와 같은 큰 회사가 왜 이러는 것일까. 아무리 돈이 급해도 그렇지. 이완영은 왠지 불안해져 말을 잇지 못했다.

"일시적으로 유동성이 악화돼서요. 3개월만 쓰면 될 것 같습니다. 그래서 월 5부라고 해봤자 3개월간 10억 5000만 원인데 그 정도는 부담할 수 있습니다. 금융기관에 부탁하면 설정절차와 대출심사 등 까다로운 절차를 거쳐야 하고 비용도 만만치 않게 들어갑니다. 그러니 그 정도의 이자와 소개료는 무리한 게 아닙니다. 걱정 마세요."

이완영은 마음이 놓였다. 그러면 그렇지 큰일 나면 안 되지.

"알아보고 다시 연락드리겠습니다."

이완영은 전화를 끊고 골똘히 생각에 잠겼다.

평소 이완영은 금성룡으로부터 월 1부 5리에 돈을 빌려 가맹점주 등에게 2부 5리로 빌려주었다. 월 5부면 무려 월 3부 5리의 이자가 자신에게 떨어지는 것이 아닌가.

게다가 이번에는 빙과류 제조공장에 대한 하나빙제과의 지분이 담보로 들어가지 않는가. 이완영은 재빨리 계산에 들어갔다.

'금성룡이 직접 하나빙제과에 돈을 빌려주게 하면 수수료 3억 5000만 원밖에 챙길 수 없지만 내가 직접 1부 5리로 빌려서 하나빙제과에 빌려주면 수수료 3억 5000만 원에다 이자로 월 3억 5000만 원을 받을 수 있어. 그래. 그럼 되는 거야.'

이완영은 오른손으로 자신의 무릎을 치며 하하하 웃었다.

2

한창 웃던 이완영은 서류철 위에 놓인 맛나 아이스크림의 답변서를 발견했다.

"훗, 윤기수. 네가 날 이길 수 있으리라 생각했나? 세상 물

뛰는 놈 위에 나는 놈!

완영은 손에 쥔 답변서를 힘주어 구겨버렸다. 사실 완영은 윤기수가 아이스크림 시장에 본격적으로 진출하는 것이 두려웠다. 기수는 스킨 아이스크림을 가장 잘 아는 사람인 데다 아이스크림 기술은 최고였지 않은가. 그래서 완영은 기수가 더 치고 올라오기 전에 밟아야 한다고 생각했다. 박람회에서 완영은 많은 상담자들이 맛나 아이스크림에 대해 이야기하는 것을 듣고 내심 놀랐었다. 몇 년 전 자신이 내쫓았던 기수와는 또 다른 느낌. 완영은 그 느낌이 불안했던 것이다. 하지만 이젠 자신이 서서히 짓밟아놓을 테니 크게 걱정은 하지 않아도 될 것이다. 완영은 옷걸이에 걸려 있던 양복 재킷을 챙겨 들고 사무실을 나섰다.

3

금성룡은 사무실에서 골프채를 휘두르며 골프 연습을 하고 있었다. 최근 경기가 어려워지면서 자신의 사업체인 대출업이 크게 호황을 누리고 있었다.

"난 청개구리가 좋아. 펀드도 청개구리 펀드(리버스펀드: 주가가 하락할수록 수익이 나게 구성된 펀드)만 들잖아. 다른 사람의 불행은 나의 행복. 경기가 나쁠수록 우리는 좋아지지. 하하하!"

금성룡은 혼자서 즐거워하고 있었다. 그때 비서가 노크를 하더니 안으로 들어왔다.

"무슨 일이야?"

"사장님, 스킨 아이스크림의 이완영 씨께서 찾아오셨습니다."

"그래? 들어오시라고 해."

완영은 성룡과 금전 거래는 했지만 직접 성룡의 사무실까지 찾아온 적은 거의 없었다.

"아이고, 이 사장님이 이 누추한 곳까지 어쩐 일이십니까?"

성룡은 능글능글한 목소리로 완영을 맞는다. 완영은 금성룡의 인사가 가식일 뿐이라는 것을 알면서도 성룡을 향해 웃어 보였다.

"아, 지나가던 길에 잠깐 들렀습니다. 얼굴을 뵌 지도 오래됐고. 실은 좀 큰돈이 필요하기도 해서요. 70억 원 정도요."

"70억 원이라구요?"

성룡도 깜짝 놀랄 액수였다.

"아이스크림 회사에서 무슨 70억 원이 필요합니까?"

성룡은 반문했다.

"사실 빙과류 회사와 공동투자로 빙과 공장을 짓고 있습니다. 제가 100억 원을 투자하고 지분 50퍼센트를 가지고 있으니 그것을 담보로 드리겠습니다.”

성룡은 잠시 고민에 빠지는 듯했다.

“원래 저희 쪽과 거래를 자주 하셨으니 이자는 월 1부 5리로 하죠. 대신 한 가지 조건이 있습니다.”

“그게 뭔가요?”

“뭐라고요?”

“뭘 그리 놀라십니까. 담보인데요. 저는 빌려준 돈을 받으면 그뿐이고, 사장님은 차근차근 돈을 갚으신 후 담보를 찾아가면 그뿐입니다.”

금성룡은 버릇처럼 왼쪽 입매를 슬쩍 올렸다. 뭔가 꿍꿍이속이 있을 때 짓는 표정이었다.

“빙과류 회사는 제가 모르는 회사이니 스킨 아이스크림 전체 지분을 담보로 주시면 70억 원을 대여해드리겠습니다. 월 1부 5리로요. 대신 그 돈을 못 갚으면 스킨 아이스크림은 제가 갖는 겁니다.”

이완영은 잠깐 망설이다가 제안을 받아들였다.

“네, 좋습니다. 그렇게 하죠. 기간은 3개월로 해주세요.”

이완영은 생각했다.

‘70억 원을 빌려서 3억 5000만 원을 수수료로 공제하고, 3개월

이자를 선공제하면 10억 5000만 원……. 무려 14억 원을 우선 받아둘 수 있어. 하나빙제과는 대기업이니까 3개월 안에 반드시 갚을 거야. 안 갚으면 하나빙제과가 빙과류 공장에 투자한 100억 원을 70억 원에 매각해서 충당하지 뭐.'

이완영은 결정했다.

"우리가 요구하는 서류와 차용증을 준비해주시면 내일 오전 중으로 70억 원을 보내드리겠습니다."

이완영은 집으로 돌아오는 길에도 자신이 성룡의 신임을 받고 있다는 생각에 우쭐했다.

한편 이완영이 돌아가자 성룡은 금지석을 호출했다.

"네, 삼촌. 퇴근해서 사무실로 들어가는 길이에요."

5분이 지나자 금지석이 헐레벌떡 성룡의 사무실로 들어온다.

"네가 움직일 때가 된 것 같다."

"무슨 말이에요, 삼촌?"

"드디어 스킨 아이스크림을 인수할 때가 되었어. 이완영이 스킨 아이스크림을 담보로 70억 원을 빌리기로 했어."

사실 성룡은 사채업으로 많은 돈을 벌었지만 다른 사람들에게 내세울 만한 사업체 하나 없는 것이 항상 부끄러웠다. 그래서 이완영이 운영하는 스킨 아이스크림에 진즉부터 눈독을 들이고 있었다.

뛰는 놈 위에 나는 놈!

그래서 스킨 아이스크림의 기술자였던 기수가 맛나 아이스크림을 오픈하자 조카인 금지석을 위장 취업시켰던 것이다. 스킨 아이스크림을 빼앗기 위해서는 기술 전수가 반드시 필요하다는 사실을 성룡은 너무나 잘 알고 있었다.

"그래, 이제 넌 윤기수의 아이스크림 제조기술을 완벽하게 알아내기만 하면 되는 거야."

"네, 그거야, 시간문제죠. 윤기수가 저를 전혀 의심하지 않는데다 주방 출입도 자유로워서 제조비법을 어느 정도 확보해두었거든요. 게다가 지금 스킨 아이스크림과 소송 중이라 다들 정신이 없어요."

"그래? 그거 듣던 중 반가운 소식이구나. 이제 영업적으로도,

10 법인을 담보로 제공할 경우 필요한 서류

1) 담보주식에 대한 질권계약서 내지 주식양도약정서

2) 주주들의 명의개서용 인감증명서

3) 주주총회 회의록(새로운 이사의 선임)

4) 종전 대표이사, 이사, 감사의 사임서

5) 종전 임원들의 사임서

위 서류들을 받아두었다가 대여금을 갚지 않을 경우 담보한 회사를 취득할 수 있다.

기술적으로도 스킨 아이스크림을 접수할 수 있겠어. 모든 건 시간문제야. 이완영이 빌려간 돈을 갚지 못하는 때를 기다리면 돼. 넌 재판 중에 이완영 측을 도와주렴."

"예, 알겠습니다."

성룡은 만족스러운 듯이 소파에 등을 기댔다.

"지석아, 이대로 앉아 있기엔 기분이 너무 좋구나. 삼촌이랑 한잔하자."

성룡과 지석은 나란히 사무실을 나섰다. 성룡은 250억 원 이상의 가치가 있는 스킨 아이스크림을 70억 원에 인수할 생각에 마음이 들뜨기 시작했다.

뛰는 놈 위에 나는 놈!

아이디어를 훔친 도둑은 무죄?

1

서울중앙지방법원 동관 586호 법정. 기수는 이 변호사와 함께 법정에 들어섰다. 이완영도 변호사를 대동하고 법정에 출석했다.

"2009 카합 1234호 영업정지 등 가처분 재판을 진행하겠습니다."

재판장이 엄숙히 말했다. 그리고 신청인 측에서 이완영의 변호사가 변론을 시작했다.

"윤기수는 스킨 아이스크림의 아이스크림 제조기술자로 근무하다가 그 회사를 퇴직하고 맛나 아이스크림이라는 점포를 개설한 자로, 스킨 아이스크림에서 사용하던 아이스크림 기술과 간판도형, 메뉴판, 테이블보, 광고 문안 등을 도용하여 영업을 하고 있으므로 이는 영업비밀침해, 저작권침해 등에 해당합니다. 이에 윤기수가 영업을 하지 못하도록 중단시켜주시기 바랍니다."

이 변호사가 이를 맞받아치는 변론을 한다.

"현재 맛나 아이스크림에서 사용하고 있는 기술은 스킨 아이스크림에서 사용하던 제조기술과는 다소 다른 점이 있고 스킨 아이스크림의 아이스크림 제조기술은 윤기수가 개발한 것이므로 그 기술도 근로자였던 윤기수의 기술이라고 볼 수 있습니다. 또한 간판도형, 메뉴판, 테이블보, 광고 문안도 다소 유사한 점이 있으나 그것만으로는 영업을 금지시킬 사유가 되지 못합니다."

법정에서 격론이 벌어지기 시작했다.

"저는 평생 아이스크림 기술자로만 살았습니다. 그리고 이완영의 부당한 행동에 항의하다가 스킨 아이스크림을 그만두었습니다. 그런데 제가 왜 소송을 당해야 합니까? 억울합니다."

기수가 눈물을 글썽거리며 하소연했다. 그 옆에서 이완영이 회심의 미소만 짓고 있었다.

"이 건은 신청사건이므로 변론은 그 정도로 하고, 주장할 내용

아이디어를 훔친 도둑은 무죄?

이나 증거가 있다면 10일 내에 제출해주시기 바랍니다."

　재판 다음 날 이완영 측은 두 가지 증거 서류를 제출했다. 금지석의 진술서와 윤기수의 근로계약서였다. 금지석의 진술서에는 이렇게 적혀 있었다.

　"맛나 아이스크림의 아이스크림 제조방법은 스킨 아이스크림의 아이스크림 제조방법과 대동소이하다. 맛나 아이스크림에서 사용하는 간판도형, 메뉴판, 테이블보, 광고 문안도 스킨 아이스크림에서 사용하던 것을 대부분 그대로 사용하고 있다."

　그리고 근로계약서에는 이렇게 적혀 있었다.

　"제10조 을(윤기수)은 갑(스킨 아이스크림)에서 개발하고 사용한 아이스크림 기술에 대해서는 모두 갑의 소유임을 인정하며, 그 기술을 타에 유출하거나 사용할 수 없다. 을은 갑을 퇴사하더라도 2년간은 동종 내지 유사 업종을 운영하거나 취업할 수 없다."

2

10일 후 이완영의 사무실. 오전에 법원의 결정문이 송달되었다.

이완영은 쾌재를 불렀다.

"윤기수, 어디 법으로 혼 좀 나봐라. 제 까짓 게 어디 감히 나를 이겨먹으려 들어?"

같은 시각, 맛나 아이스크림.

윤기수는 법원의 결정문을 보자 사색이 된다.

판결주문

1) 피신청인 윤기수는 맛나 아이스크림의 영업을 해서는 안 된다.
2) 피신청인 윤기수는 맛나 아이스크림의 간판도형, 메뉴판, 테이블보, 광고 문안을 사용해서는 안 된다.
3) 신청비용은 피신청인 윤기수가 부담한다.

아이디어를 훔친 도둑은 무죄?

“이게 무슨 날벼락이야. 맛나 아이스크림은 이제 접어야 하나? 접는 건 둘째 치고 가맹점들은 어떻게 하지? 안 되겠다, 이 변호사를 다시 만나봐야지.”

기수는 이 변호사를 만나기 위해 법여울을 찾아갔다.

“이제 어떡하죠?”

기수가 하소연했다.

이 변호사는 서류를 꺼내놓았다.

“금지석이 누구지요?”

“우리 아르바이트생인데…… 갑자기 그건 왜……. 헉!”

진술서를 읽어본 기수는 그만 입을 다물지 못했다. 지석이 제출한 진술서를 보았기 때문이다.

“이럴 수가…… 지석이 어떻게 이럴 수가…….”

기수는 근로계약서도 보았다.

“그 근로계약서는 직원들 모두가 같은 양식으로 만든 건데……. 미처 제가 그 부분을 확인하지 못했군요.”

기수는 통곡했다.

“저는 정말 나쁜 짓은 하지 않고 착하게 살았습니다. 양심에 걸리는 짓은 꿈도 꿔본 적이 없습니다. 그런데 그런 제가 왜 이완영 같은 놈에게 이렇게 속수무책으로 당해야 합니까? 법이라는 것은 나쁜 놈들을 위해서 존재하는 겁니까?”

울분에 찬 기수는 가슴을 주먹으로 내리치며 통곡했다. 그런 기수를 안타까운 듯 바라보던 이 변호사가 어렵게 입을 뗀다.

"윤 사장님, 진정하세요. 윤 사장님이 양심적으로 사업을 해온 것은 누구나 알고 있는 사실입니다. 하지만 윤 사장님도 잘 아시다시피 세상이라는 게 그렇게 호락호락하지 않습니다. 조금 더 준비를 철저히 하셨으면 좋았을 것을……. 저도 면목이 없습니다."

이 변호사는 고개를 푹 숙이고 눈물을 흘리는 기수를 위로했다. 이 변호사의 진심 어린 위로를 들은 기수는 황급히 눈물을 닦아내고 이 변호사를 쳐다보았다.

"예, 모두 제 탓입니다. 제가 너무 몰랐습니다. 아무튼 이래저래 감사합니다. 갑갑한 마음에 이 변호사님께 하소연한 것이니 너무 마음에 두진 마세요. 그럼……."

기수는 서둘러 변호사 사무실을 빠져나왔다. 맛나 아이스크림까지 가는 길이 오늘따라 멀게만 느껴졌다.

기수는 마냥 길을 걷기만 하다가 10시나 되어서야 맛나 아이스크림으로 돌아왔다. 금지석은 이미 보이지 않았다. 희정과 동원만이 걱정스런 얼굴로 어색하게 기수를 맞이한다. 그 옆에 가맹점주 여섯 명이 성난 얼굴로 기다리고 있다.

“도대체 어떻게 된 일입니까?”

“재판에서 별문제 없을 거라고 하지 않았습니까?”

가맹점주들이 차례로 따지듯이 물었다.

가맹점주들의 항의를 가만히 듣던 기수는 땅속으로 꺼져버리고 싶은 심정이었다.

‘아, 이런 것이 고문이구나. 쥐구멍에라도 숨고 싶다.’

기수는 더 숙여지지 않는 고개를 원망했다. 그는 차마 얼굴을 들고 가맹점주들을 바라볼 수가 없었다.

“아니, 말도 안 되는 것 아닙니까?”

“어떻게 자기 점포조차 관리하지 못하는 사람이 프랜차이즈를 모집합니까?”

가맹점주들의 원성이 더더욱 높아졌다. 급기야 “이거 순 사기꾼 아니야?”라는 말까지 나왔다.

“어떻게 보상할 겁니까?”

“우리도 이제 문을 닫아야 하는데…….”

“점포 권리금, 인테리어비, 전부 물어내세요!”

기수는 한마디도 대꾸할 수 없었다. 그는 고개를 들지 못한 채 모기만 한 목소리로 조그맣게 대답했다.

“네, 해결되지 않으면 물어드리겠습니다.”

기수는 중죄인이 된 기분이었다.

기수는 밤새 한숨도 자지 못했다.

이완영을 찾아가서 살려달라고 무릎 꿇고 애원하는 방법 외에는 대안이 없었다. 이완영에게 무릎을 꿇는 건 자존심이 허락하지 않았지만 가맹점주들을 위해서라면 어쩔 수 없었다.

3

이완영은 어제 판결문을 받은 후부터 잔뜩 흥에 겨워 노래까지 흥얼거리고 있었다.

'윤기수 그놈, 잘난 척하더니 꼴좋다. 내게 나쁜 놈이라고 손가락질하고 큰소리를 치더니만 법 앞에서는 그놈이 나쁜 놈이 되었어. 흠, 그거면 됐어.'

온 세상이 자기 것이라도 된 듯이 의기양양해진 완영은 죽을상을 하고 있을 기수의 표정을 상상했다. 자꾸만 실소가 터졌다. 그때 인터폰이 울리더니 비서의 목소리가 들렸다.

"사장님, 윤기수라는 분이 오셨는데요."

"그래? 들여보내."

완영의 말이 떨어지자마자 문이 열리더니 기수가 들어왔다.

아이디어를 훔친 도둑은 무죄?

수염도 깎지 않은 까칠한 얼굴을 보니 밤새 잠도 자지 못한 것 같았다. 완영은 그런 기수의 모습을 보자 더욱 흥이 났다. 그는 애써 입가의 미소를 거두고 기수를 바라본다.

"자네가 웬일인가? 내게 무슨 볼일이라도?"

완영은 아무 일도 없었다는 듯이 부드러운 목소리로 기수에게 묻는다. 그런 완영에게 기수는 주먹이라도 휘두르고 싶었지만 분을 꾹 누르고 완영 앞으로 다가가 무릎을 꿇었다.

"사장님, 제가 잘못했습니다. 제 가게가 문을 닫는 건 아무래도 좋습니다. 하지만 가맹점들에게 피해를 줘서는 안 됩니다. 가맹점주들은 아무 죄도 없지 않습니까. 이렇게 부탁드립니다."

기수는 머리까지 조아리며 부탁했다. 결국 완영은 참지 못하고 큰 소리로 웃기 시작했다. 완영의 웃음에 어안이 벙벙해진 기수는 조아리던 머리를 들고 완영을 쳐다봤다. 기수는 눈물까지 흘리고 있었다.

"하하하하하, 아이고, 배야. 웃겨 죽겠네. 이보게, 기수. 참 재미있군. 그렇게 나를 나쁜 놈으로 몰더니 내게 용서를 구하다니 말이야. 그래, 사업을 해보니 어떻던가? 재미있지? 세상이 참 웃겨. 나는 가맹점주들에게 나쁜 놈이라는 소리를 수없이 들었는데, 이제 자네도 그렇게 되었군. 내게 애원하면 모두 해결될 거라 생각했나? 너무 순진하군. 이제 그만 돌아가게. 난 친구들과 골프 약속이 있어서 그만."

완영은 자리에서 일어나더니 기수의 곁을 재빨리 지나쳤다. 기수가 생각해낸 마지막 방법도 수포로 돌아간 것이다.

"그래도 옛정을 생각해서 형사 건까지는 가지 않은 거야. 승복 안 하고 항소하든지 하면 알아서 해."

완영의 마지막 말에 기수는 더 이상 할 말이 없었다.

그다음 날 아침 동원은 맛나 아이스크림 문에 붙어 있는 안내문을 보았다.

"임시 휴업."

문을 등지고 선 기수는 한숨을 쉬었다. 옆에서 희정은 하염없이 눈물만 흘리고 있었다. 그런 희정에게 기수는 힘없이 웃으며 말했다.

"법원에서 딱지를 붙이러 오는 것보다는 낫지 않겠니?"

기수의 말에 희정은 더욱더 목 놓아 울기 시작했다. 그때 기수와 희정 앞으로 가맹점주들이 몰려들기 시작했다.

"우리들에게도 영업을 하지 말라는 내용증명이 스킨 아이스크림으로부터 왔습니다!"

"어떻게 하실 겁니까!"

"어떻게 책임질 겁니까!"

아이디어를 훔친 도둑은 무죄?

가맹점주들은 다짜고짜 소리부터 질러댔다. 먹살까지 잡힌 기수는 가맹점주들에게 맥없이 대답했다.

"전부 물어드리겠습니다. 한 점포당 1억 원씩을 보상하겠습니다."

4

"이제 자네도 다른 일자리를 알아보게."

기수가 동원을 불러 앉히자마자 한 말이었다. 그 말을 들은 동원과 희정은 물론 그 말을 한 당사자인 기수조차 말이 없었다. 어떤 말을 해도 그것은 말에 불과하다는 것을 세 사람은 너무나 잘 알고 있었기 때문이다. 기수는 조용히 일어나 집으로 향했다. 집이라도 급매해서 [11]가맹점주들에게 보상을 해야겠다는 생각이 들어서였다. 그런 기수를 보던 동원이 조용히 읊조렸다.

"세상 참 불공평하다."

일주일 후 기수는 살던 아파트를 급매한 뒤 그 돈으로 가맹점주들에게 각각 1억 원씩을 배상해주고 단칸방으로 이사했다. 그날 밤 기수는 만취한 상태로 골목길에 쓰러져 병원으로 옮겨졌다. 뇌출혈이었다.

11 프랜차이즈 가맹점을 모집하려면

프랜차이즈 가맹점을 모집할 경우 여러 이해관계인들이 발생하므로 프랜차이저는 법률적으로 충분하고 철저한 준비를 해야 한다. 프랜차이즈 가맹점을 모집한 후 사업에 문제가 발생하면 본의 아니게 많은 피해자가 생길 수 있기 때문이다. 우선적으로는 다음과 같은 점들을 잘 따져보아야 한다.

1) 프랜차이즈 브랜드에 대해 상표권적으로 충분한 보호조치를 취했는가? 다른 업체의 상표권 등과 충돌할 위험은 없는가?

2) 프랜차이즈 가입계약서는 잘 준비되어 있는가?

3) 가맹점 가입예정자들에게 프랜차이즈에 대한 정확한 정보를 알려주었는가?

4) 가맹점의 상권에 대해서도 충분한 설명이 이루어졌는가?

5) 프랜차이저가 공급하는 제품이나 서비스에 다른 법률상의 문제점이 없는가?

아이디어를 훔친 도둑은 무죄?

작은 것을 탐내는 자는
큰 것을 잃는다

1

이완영은 하루하루 즐거웠다. 기수를 단 한순간에 몰락시킨 데다 하나빙제과에 70억 원을 빌려주고 10억 5000만 원을 가만히 앉아서 벌고 있으니 즐겁지 않을 수 없었다. 다만 뉴스 때마다 전 세계의 금융위기로 우리나라에도 경기침체가 시작된다고 떠들어대니 좀 불안하기는 했다. 하지만 하나빙제과는 문제없을 것이다. 완영은 10억 5000만 원의 대가로 그 정도 불안감은 견딜 만한 것이라고 생각했다.

하지만 그 불안감은 얼마 후 현실화되었다.

기수는 그다음 날 청천벽력과도 같은 소식을 접했다. 사무실에는 서류들이 어지럽게 널려 있었고 완영은 그 사이를 정신없이 왔다 갔다 했다. 그때 전화벨이 울렸다.

"사장님, 은행입니다."

비서가 말했다.

"……연결시켜."

분명 좋은 소식은 아닐 것이다. 완영은 마른 침을 연거푸 삼켜야 했다.

"여보세요, 이완영 씨 되십니까?"

"네, 그렇습니다. 무슨 일이신지요."

"하나빙제과가 공장 설립을 위해 구매한 토지를 경매에 붙여야 할 것 같아서 연락드렸습니다. 만약 부지가 경매로 넘어가는 것을 원하지 않으신다면 은행에서 대출해준 200억 원을 변제하셔야 합니다. 부도는 디폴트 사유입니다. 그래서 전화드렸습니다."

"……."

완영은 아무 말도 할 수 없었다. 어떻게 하면 좋을까. 완영은

작은 것을 탐내는 자는 큰 것을 잃는다

고민에 빠졌다. 금성룡에게 70억 원도 갚아야 하고 은행 대출금 200억 원도 갚아야 하다니…….

"사장님? 다시 한 번 설명해드릴까요?"

"아, 아닙니다. 그럼 언제까지 저희 쪽에서 연락을 해야 경매로 넘어가지 않습니까?"

"3일 내로 연락주시면 됩니다."

"네, 알겠습니다."

"그럼 좋은 하루 보내십시오, 하나빙제과 대출 담당자 김해수 대리였……."

완영은 은행 직원이 마지막 말을 끝마치기도 전에 전화를 끊어버렸다. 이제 완영은 선택의 기로에 서 있었다. 어떻게 하면 좋을까. 경매로 공장 부지가 넘어간다면 완영 자신이 피땀 흘려 번 100억 원이 휴지조각이 될 뿐 아니라 금성룡에게 70억 원도 갚아야 한다.

'도대체 200억 원을 당장 어디서 구하지…… 부도 소식이 일파만파 퍼졌을 테니 은행에서 돈을 대출해줄 리는 없고…… 그럼…… 역시 [12]그 길뿐인가?'

완영이 생각한 그 '길'이란 금성룡에게 다시 부탁하는 일이었다. 완영은 금성룡과 오랫동안 거래했지만 여전히 그를 경계하고 있었다. 그는 완영에게는 잘해주었지만 악덕 사채업자로 악명 높았다. 그는 돈을 갚지 않는 사람에게 신체포기각서를 쓰게 한다든지, 깡패를 고용해 협박하는 등 악질적인 루머가 끊이질 않는 자였다. 그는 돈에 대해서는 무서우리만큼 집착을 보이는 자였다. 그런 자에게 모든 것을 맡겨야 하다니……. 완영의 마음은 천근만근 같았다.

2

금성룡은 자신의 사무실에 앉아 경제신문을 꼼꼼히 읽고 있었다. 기사의 내용은 '하나빙제과의 부도'였다. 심각한 표정으로 신문을 읽던 성룡의 얼굴에는 이내 웃음꽃이 피었다.

12 사채의 위험성

회사가 자금을 조달하면서 주식 발행 등 투자의 형식으로 자금을 조달하지 않고 소비대차 형식으로 자금을 차용하는 것을 대여금 채무라고 한다. 이런 대여금 채무 중 금융기관이 아닌, 일반 회사 등으로부터 차용한 것을 흔히 사채라고 부른다. 사채는 여러 절차가 생략되는 등 편리하지만 차용금에 대한 이자가 고율이고 그 채무를 변제하지 못할 경우 그 결과가 가혹한 경우가 많으므로 매우 주의를 요한다.

작은 것을 탐내는 자는 큰 것을 잃는다

"모든 것이 예상대로 되어가는군. 정확히 걸려들었어. 이제 남은 것은 스킨 아이스크림을 가져오는 일뿐이군."

성룡은 지석에게 전화를 걸어 자신의 계획이 척척 맞아 들어가고 있음을 알렸다. 그가 다음 일을 지시하려는 찰나 인터폰 소리가 들렸다.

"사장님, 이완영 사장님이 오셨습니다."

"아, 들어오시라고 해."

"지석아, 나중에 전화하마."

서둘러 전화를 끊은 성룡은 문을 열고 들어오는 완영을 여유 있게 바라보았다. 그런 성룡을 보는 완영의 마음은 무겁기만 했다.

"아, 오셨습니까. 앉으세요, 앉으세요."

성룡은 능글능글한 목소리로 완영에게 자리를 권했다. 완영은 자리에 앉아 침을 한 번 삼키고는 자신이 성룡을 찾아온 목적에 대해 얘기하기 시작했다.

"소식은 벌써 들으셨겠지요."

"어떤……? 아, 아! 하나빙제과 부도 말입니까? 봤지요, 봤지요."

"하나빙제과가 빙과류 공장을 짓는 데 100억 원을 투자했는데 그 지분을 70억 원에 인수해주시면 안 되겠습니까?"

완영은 조마조마한 가슴을 달래며 조심스럽게 제안했다. 그러나 성룡의 반응은 냉담했다.

"처음 돈을 빌려줄 때도 말했지만 저는 하나빙제과는 모릅니다. 그리고 그 빙과류 공장도 모르구요. 저는 스킨 아이스크림만 압니다. 만기 3개월이 다 됐으니 일주일 안에 돈을 갚든지, 스킨 아이스크림을 넘기십시오. 그렇지 않으면 그때 받아둔 임원들의 사임서를 법원에 접수시키고 이사 및 대표이사 선임에 협조해주십시오. 협조하지 않으면 공증받아둔 약속어음으로 내일 당장 회사의 자산을 압류하고 이완영 사장의 개인 재산에 대해 법적 조치를 취하겠습니다."

성룡은 난생처음 보는 사람을 대하듯 완영을 대했다. 완영은 성룡의 능글능글한 웃음이 걷힌 차가운 얼굴을 보며 소름이 돋았다. 사실 하나빙제과의 100억 원 투자 지분도 은행 부채 200억 원을 변제해야만 가치가 있는 것이었다. 만일 200억 원을 갚지 못해 경매 처분이 이루어지면 완영이 투자한 100억 원은 고스란히 날릴 수밖에 없었다.

그 사실을 깨닫자 완영은 현기증이 났다.

완영은 주먹을 움켜쥐고 눈물을 흘렸다. 평생 모은 재산을 단 한 번의 실수로 날리게 되었다. 어떻게든 손을 써야 하는데 별다른 대안을 찾을 수 없었다. 법으로도 이길 수가 없다. 조

작은 것을 탐내는 자는 큰 것을 잃는다

금이라도 시간을 끌다가는 정말 하나도 남지 않을 것이다. 내일부터 금성룡이 건달들이라도 데려오면 사업 전체가 혼란에 빠질 것이다.

그런데 그때 한 가지 생각이 떠오른 완영은 고개를 번쩍 쳐들었다.

"제가 스킨 아이스크림을 넘겨도 경영을 할 수는 없을 텐데요. 아이스크림 기술은 제가 모두 가지고 있으니까요. 영업상의 노하우를 어떻게 하시려고요? 기술자들은 전부 제 지시를 따를 겁니다."

"이런, 이런, 이 사장님. 뭔가를 빼먹으셨군요."

완영은 자신의 말에 가소롭다는 듯이 웃고 있는 성룡을 보자 불안감에 휩싸였다.

"제 조카 지석이를 기억하시지요?"

"지석이라면……."

"서운하군요. 스킨 아이스크림이 재판에서 이길 수 있도록 결정적인 증거를 준 게 우리 지석이 아닙니까. 벌써 잊으신 건 아니겠죠?"

'아뿔싸, 왜 그걸 몰랐을까?'

완영은 자신의 아둔한 머리를 탓했다. 맞나 아이스크림과의 재판에서 스킨 아이스크림의 제조 방법과 레시피를 전부 외워 그 내용을 진술서로 작성해주었던 금성룡의 조카 금지석을 잊고 있었다니. 완영은 이제야 성룡의 의도가 무엇인지를 깨닫는다. 그리고 더 이상 자신이 버틸 수 없다는 것도.

그다음 날 완영은 스킨 아이스크림의 모든 주식과 권리를 성룡에게 넘겨주었다. 이제 완영의 재산은 하나빙제과와 함께 빙과류 공장에 투자한 200억 원의 투자 지분뿐이었다. 그마저도 은행 부채 200억 원을 변제해야 했지만. 완영은 현기증이 났다. 텔레비전에서는 우리나라 금융기관의 대출 경색에 대한 보도가 한창 나오고 있었다.

금성룡은 회심의 미소를 지었다. 자산 가치가 250억 원가량 되는 사업체를 70억 원에 인수하고, 주식까지 전부 넘겨받은 것이 믿기지 않았다. 이제 금성룡은 우리나라 굴지의 프랜차이즈 기업인 스킨 아이스크림의 실질적인 사주이자 대표이사로 취임한 것이다.

작은 것을 탐내는 자는 큰 것을 잃는다

나만의 브랜드를 만들어라! III

아이디어와 법 

1

'모든 게 꿈이었을까?'

불이 꺼진 방 안에서 동원은 좀처럼 잠을 이루지 못했다. 그동안의 일들이 모두 꿈만 같았다. 처음으로 아낌없이 쏟아부었던 열정과 시간이 모두 휴지조각이 되다니. 동원에게는 이제 열정 대신 허무함만 남았다. 한동안 동원은 아무것도 할 수 없었다. 그야말로 무기력 그 자체였다.

하루 종일 방 안에 틀어박혀 온라인 게임을 하거나 멍하니 있은 지 3일째다. 동원은 좀처럼 방 밖으로 나오려 하지 않았다. 그런 동원을 보면서 가족들의 걱정도 이만저만이 아니었다. 처음엔 '저러다가 곧 털고 일어서겠지'라고 생각했던 가족들도 동원의 태도에 변화가 없자 점점 불안해지기 시작했다. 어르고 달래고 화를 내보기도 했으나 동원은 여전히 방 안에 틀어박혀 있었다.

나흘째 되는 날 동원은 불을 켜고 벽에 걸린 전신거울 앞으로 다가섰다. 며칠 동안 감지 않은 머리는 기름으로 떡이 져 있는 데다가 허옇게 비듬까지 내려앉아 있었다. 잠을 이루지 못해 까칠한 얼굴에는 면도를 하지 않아 수염이 길게 자라 있었다. 옷차림도 엉망이었다. 무릎이 나온 추리닝 바지에 목이 늘어난 흰 티는 때가 끼어 꼬질꼬질했다.

'꼴이 이게 뭐야? 가관이다.'

동원은 그대로 점퍼 하나만 걸친 채 목욕 가방을 챙겨들었다.

아직 날이 밝지 않은 새벽 동원은 인적이 드문 골목을 슬리퍼 하나 꿰어 신고 터덜터덜 걷고 있었다. 목욕탕에 도착하자 문 앞에는 '수요일 정기 휴무'라는 팻말이 붙어 있었다.

젠장. 동원은 찜질방에 갈까 하고 주머니를 뒤져보았지만 주머니에는 단돈 5000원 뿐이었다. 입장료 5000원, 옷 대여료 2000원. 식혜나 계란은 포기한다 해도 7000원이 필요했다.

동원은 신경질적으로 주머니에 5000원을 쑤셔 넣고는 집으로 발걸음을 돌렸다. 집으로 돌아가는 동원의 눈에 사람들이 하나 둘 보이기 시작한다. 모두들 이른 아침부터 출근하는 사람들이었다.

'다들 직장이 있는 사람들이구나. 나, 정말 다시 백수가 된 건가? 이제 다시는 일자리를 구할 수 없는 건가…….'

동원은 멈춰 서서 출근하는 사람들을 멍하니 바라보았다. 사람들은 동원을 거들떠보지도 않고 제 갈 길을 가느라 바빴다.

'더 이상 여긴 못 있겠다. 여행이라도 떠나야지.'

동원은 그 길로 뛰기 시작했다. 그리고 집으로 들어가자마자 옷을 갈아입고 모자를 눌러 쓰고 대충 가방을 쌌다. 집을 뛰쳐나온 그는 버스 터미널로 향했다. 버스 터미널에 도착한 동원은 현금 인출기에서 통장에 남아 있던 25만 원을 모두 인출하여 지갑에 쑤셔 넣었다. 그리고 매표소 앞에 서서 목적지를 죽 훑어본다. 어디로 갈지를 정하지 못한 동원은 가장 눈에 띄는 강원도행 표를 사서 버스에 오른다. 버스가 출발하고 강원도에 도착했어도 동원의 머릿속은 백지장 같았다. 동원은 터미널에 있는 패스트푸드점에 들어가 햄버거세트를 하나 시켜놓고 멍하니 앉아 있었다. 어디로 갈지 고민하며 햄버거를 한 입 베어 문 동원의 눈이 옆 테이블로 향했다. 테이블 위에는 '강원랜드' 팸플릿이 올려져 있었다.

강원랜드? 뭐하는 데지……? 아, 그 유명한 강원랜드? 도박의 천국이라던 그곳! 그래, 갈 데도 없는데 저기나 가자. 어쩌면 운이 좋아서 돈을 딸 수도 있잖아? 동원은 이런 생각을 하며 피식 웃었다.

동원은 서둘러 햄버거를 입 안에 밀어 넣고는 강원랜드로 향하는 시내버스에 올랐다. 버스에 오르자 비로소 자신이 서울이 아닌 강원도에 와 있음이 실감났다. 그리고 맛나 아이스크림에서 일하던 시절이 주마등처럼 동원의 머릿속을 스치고 지나갔다. 처음 취직되어 기뻐하던 모습, 누구보다 일찍 출근하여 매장을 청소하던 모습, 장사가 잘되어 손님들로 붐비던 매장의 모습 등 즐거운 기억들이 참 많았는데……. 그러다 동원은 희정을 떠올렸다. 맛나 아이스크림에서 즐거운 일들이 많았지만 그중 가장 즐겁고 행복한 일은 희정과 함께 보낸 시간들이었다. 희정이 자신을 향해 싱긋 웃어줄 때면 아무리 피곤하고 힘들어도 기운이 나곤 했다. 그래서인지 지금 희정을 떠올리니 가슴 한구석이 시려왔다. 희정을 본 지 어느새 석 달이 지나가고 있다. 동원은 어디서부터 어떻게 희정을 잊어야 할지 잘 모르겠다는 생각이 들었다. 몇 번이나 전화를 걸어보았다. 그리고 희정이 전화를 받은 적도 있지만 동원은 그때마다 전화를 끊어버렸다. 그 누구보다도 힘들 희정 곁에 있어주지 못하는, 힘이 되어주지 못하는 무기력한 자신이 초라하고 부끄러워 차마 통화를 할 수가 없었던 것이다. 희정을 생각하니 동원은 가슴이 먹먹했다. 동원이 한창 생각에 잠겨 있는데 버스가 강원랜드 앞에 멈춰 섰다. 서둘러 버스에서 내린 동원은 강원랜드로 들어섰다. 동원은 한번도 보지 못한 희한한 풍경에 눈이 휘둥그레졌다. 입장료 5000원을 내고 카지노 안으로 들어가자 곳곳에 게임기가 즐비했고, 그 사이를 성인 남자들이 빙 둘러싸고 있었다. 다들 눈에 불을 켜고 게임을 했다. 어딘지 모르게 한심해 보이는 사람도 종종 눈에 띄었다.

동원이 어떻게 할지 몰라 두리번거리는데 사람들이 돈을 동전으로 환전하는 모습이 눈에 들어왔다.

'아, 동전으로 환전해야 하는구나. 어쩌지, 도박을 해도 괜찮을까? 그래, 여기까지 왔는데 안 하고 갈 수는 없지. 어차피 인생 한 방이라고, 바닥을 긁고 있는 내가 뭘 더 기대하겠어. 다 잃더라도 한번 해보자.'

동원은 가지고 있던 23만 원 중 20만 원을 동전으로 바꾸고 도박판에 뛰어들었다. 결과는…… 참패였다.

역시 운명의 신은 동원에게 웃어주지 않는 것일까? 동원은 화도 나지 않았다.

'그래, 나란 놈이 그렇지 뭐. 돈복이라는 건 애초에 없던 동원은 자조하며 담배를 꺼내 물었다. 그리고 어제저녁부터 한 끼도 먹지 못했다는 사실을 깨달았다. 강원랜드에서 나온 동원은 버스 터미널 앞에 있는 포장마차에 들어섰다. 우동에 소주 생각이 간절했던 것이다.

"아줌마, 여기 우동 하나, 소주 하나요."

손님은 단 둘뿐이었다. 동원과 동원의 옆자리에 앉아 안주도 없이 소주를 음미하는 남자.

50대 중반으로 보이는 그는 말끔한 외모에 금테안경을 눌러 썼다. 차림새도 깨끗하고 고급스러웠다. 하지만 얼굴에는 수심이 가득했다. 저 남자도 분명 사연이 있을 거야. 그런데 대체 어떤 사연일까? 동원은 조심스럽게 그를 관찰했다.

"젊은이도 한잔해."

동원의 시선을 느낀 그는 동원에게 소주잔을 건넸다.

"아, 예, 예."

동원은 당황하여 엉거주춤 소주잔을 받았다. 그리고 소주를 들이켰다. 빈속에 넘어가는 소주는 더욱 알싸했다. 소주잔을 다시 남자에게 건네는데 동원이 주문한 소주와 우동이 나왔다. 동원은 나무젓가락을 반으로 가른 다음 묵묵히 우동을 씹어 넘겼다.

"젊은이, 세상 사는 게 참 내 마음대로 안 되지?"

남자는 다시 동원에게 말을 걸었다. 동원은 우동을 먹다 말고 남자의 얼굴을 바라보았다. 남자의 눈가에는 주름이 자글자글 잡혀 있었다. 활짝 웃는다면 참으로 인자할 것 같았다.

"네, 그러네요."

 하는 생각이 드는구먼."

동원은 더 이상 우동을 먹을 수 없었다.

"그러게요. 그러면 이렇게까지 힘들지는 않을 텐데요."

동원은 쓸쓸하게 미소를 지었다. 남자는 동원의 말을 듣고 말 없이 소주를 들이켰다. 동원은 남자의 빈 잔에 얼른 소주를 따라 주었다.

"고맙네. 하아, 요즘 같은 불경기에 사업까지 실패하고…… 참 살맛이 안 나."

남자는 또다시 소주를 들이켰고 동원은 빈 잔에 소주를 따랐다.

"참 괜찮은 사업이었는데…… 그걸 말아먹다니……. 난 참 쓸모없는 인간이야."

남자는 자학에 가까운 절규를 뱉어내더니 또다시 소주를 들이켰다. 동원은 남자를 보니 자꾸만 기수가 생각나 연민의 마음이 들었다.

"어떤 사업이었는데요?"

"김치라네, 김치. 그것도 보통 김치가 아니야. 최고의 유산균을 추출하고 합성하고 배양해서 넣은 김치라네. 그런데 실패했어……. 사업은 이론으로 하는 게 아니더라구."

남자는 다시 소주를 들이켰다. 그러더니 자신의 사연을 털어놓기 시작했다. 남자는 자신을 황 교수라고 지칭했다. 그는 우리나라 최고의 과학대학인 카이스트 미생물학과 출신으로 일본에 유학까지 가서 고베 대학의 박사 학위를 받았다. 그 후 그는 김치와 된장 등에 들어 있는 발효균을 연구했다. 그리고 가장 맛있는 발효균을 찾아내 이를 합성함으로써 새로운 균을 만드는 데 성공했다.

그 균의 이름은 루코노바실러스였다. 그는 임상실험을 통해 그 균이 당뇨병과 장염을 치료해주고 콜레스테롤 수치를 낮추어주며 다이어트에도 효과적이라는 사실을 증명하고, [13]국내특허와 국제특허를 출원하여 등록까지 마친 상태였다.

자신이 개발한 발효균에 사업성이 있다고 판단한 황 교수는 50억 원을 펀딩하여 공장을 세웠다가 실패했다고 한다. 황 교수는 카이스트, K대, Y대, S대 교수 등 지인들로부터 투자를 받았다가 전부 날려버린 것이다. 지인들의 투자금을 모두 날려버린

아이디어와 법

황 교수는 사업에 실패했다는 자책감에 괴로워했다. 너무나 자신 있게 사업을 시작했기 때문에 도저히 얼굴을 들고 다닐 수가 없을 정도로 자책감이 크다고 했다. 우리나라 최고 전문가들이 설계한 공장을 청정지역인 강원도에 세우고 김치 완제품을 생산할 계획이었는데, 생산성이 떨어져서 투자한 설비를 사용하지 못하고 있다고 했다. 우리나라 최고 실력자들이 설계한 시설을 가동조차 못하고 있다는 말을 들으며 동원은 놀라움에 입을 다물지 못했다.

"사업은 경험과 몸으로 하는 거라더니 그 말이 딱 맞더군. 아무리 머리를 굴려도 안 되는 게 사업이었어……. 그 말을 예전에 이해했더라면……. 나는, 나는……."

황 교수의 눈에 눈물이 고였다.

13 국내특허와 국제특허

특허를 받으려면 보호받고자 하는 나라에서 특허출원을 하고, 특허료를 납부해야만 한다. 다만 국제특허를 할 경우 나라별로 출원서를 일제히 제출하는 것이 매우 불편하기 때문에 조약에 근거해 국제출원을 할 수 있다. 우선 국제특허를 하기 위해서는 특허출원을 하고 싶은 국가에 개별적으로 특허출원을 하든가, PCT조약에 근거하여 PCT국제특허출원을 우리나라 특허청에 출원하고 일정기간 내에 해당국에 특허출원을 한다.

"수십억 원을 투자한 기계를 돌려보지도 못하고, 아주머니 열댓 명을 고용해서 주문받은 김치를 담그고 있다니…… 이런 코미디가 또 어디 있나."

기어이 황 교수의 눈에서 눈물이 떨어졌다. 동원은 황 교수의 눈물을 보면서 정말 이보다 기이한 일은 없을 거라고 생각했다. 그렇게 훌륭한 아이디어가 성공하지 못하다니. 동원은 믿기지가 않았다. 맛나 아이스크림이야 충분한 준비도 없었고, 부당한 소송에까지 휘말렸으니 어느 정도 이해가 가지만 황 교수의 사업은 얘기부터가 다르지 않은가. 이 사업을 준비하기 위해서 얼마나 많은 시간과 노력을 들였을지 생각하니 동원은 몸서리가 쳐졌다. 역시 세상은 아이러니했다.

"김치사업이 잘되면 유산균을 넣은 피클이나 아이스크림도 출시하려고 했는데……."

아이스크림이라는 말에 동원의 눈이 둥그레졌다.

"유산균을 아이스크림에도 넣을 수 있나요?"

"그럼 유산균은 다이어트에 좋으니까 살찌는 것이 겁나서 아이스크림을 안 먹는 사람들에게 좋지."

"그럼 맛은요?"

"유산균이 새콤하니까 아이스크림의 단맛과 어울리지."

순간 기수의 아이스크림 제조방식에 유산균 아이스크림을 겹

쳐보던 동원은 번개라도 맞은 듯한 기분이었다.

'정말 이건 대박이 될 수 있어.'

동원은 번뜩이는 아이디어에 몸이 휘청거렸다.

유산균 아이스크림!!!

바로 이거야. 아이스크림과 유산균의 결합. 이보다 더 환상적인 궁합이 어디에 있단 말인가.

"저기, 교수님."

"응?"

두 눈이 부어오른 황 교수는 멍한 시선으로 동원을 바라보았다.

"교수님의 그 공장에 가볼 수 있을까요?"

멍해 있던 황 교수의 눈빛이 돌아온다.

"왜?"

"아, 교수님의 말씀을 들으니까 궁금해서요. 믿어지지도 않구요. 대체 그 훌륭한 사업이 어떻게 그렇게 될 수 있는지 믿기지가 않아요. 실례가 안 된다면 공장을 보여주세요."

황 교수는 잠시 고민하더니 동원의 부탁을 들어주기로 했다.

2

다음 날 아침 동원은 황 교수를 따라 둔내에 있는 김치 공장에 도착했다. 그리고 황 교수의 말이 모두 사실이었음을 알고 벌어진 입을 다물 줄 몰랐다. 깔끔하게 꾸며진 수많은 연구실과 듣도 보도 못한 첨단기계들이 즐비한 공장을 보고 동원은 이런 훌륭한 조건으로도 사업이 성공할 수 없다는 사실에 경악했다.

게다가 동원은 김치 산업이 첨단 발효균 사업이고, 투입 자금도 소규모가 아니라는 사실에 두 번 놀랐다.

"교수님, 혹시 교수님이 발명하신 저 균을 우리 아이스크림에 넣어서 좋은 맛을 낼 수 있을까요?"

"응? 그건 왜 묻지?"

황 교수는 뜻밖의 질문에 의아해하며 다시 되묻는다.

"아, 제가 사실은 아이스크림 가게에서 일했는데요, 그 아이스크림 가게가 소송에 휘말려서 문을 닫고 말았어요. 이제 막 프랜차이즈점들도 오픈하는 시점이었는데……. 아무튼 그건 그렇고 저 유산균을 우리 아이스크림에 넣을 수 있게 해주시면 안 되나요?"

동원은 절박했다. 정말 더 이상 없을 기회였다. 이 기회를 잡아야 했다.

아이디어와 법

"그게……."

"교수님, 제발 부탁드립니다."

동원은 황 교수 앞에 무릎을 꿇었다. 정말 두 번 다시 없을 기회라고 생각했기 때문이다.

"알았으니 제발 일어나게, 동원 군."

"정말이십니까? 정말로 도와주시는 겁니까? 감사합니다, 감사합니다, 교수님!"

동원은 다시 머리를 조아리며 여러 차례 인사했다. 황 교수는 동원을 억지로 일으켜 세우더니 앞으로 일을 어떻게 진행할지 간단하게 계획을 세웠다. 황 교수는 동원에게 자신이 개발한 유산균을 지속적으로 공급해주겠다고 약속했다.

3

황 교수의 공장을 나온 동원은 곧장 집으로 돌아왔다. 아들이 며칠 동안 말도 없이 집에 들어오지 않았지만 부모님은 아무것도 묻지 않기로 작정한 듯 말이 없었다. 동원은 하루 종일 살아 있는 유산균을 넣은 아이스크림, 다이어트 아이스크림, 장염에 좋고 콜레스테롤을 줄여주는 아이스크림, 당뇨와 비만에 효능이 있는 아이스크림을 개발할 생각에 들떠 있었다.

'이제 다시 시작하자. 그런데 돈이 없잖아. 프랜차이즈 본부를 시작하려면 1억 원은 있어야 하는데……'

동원은 한동안 꺼두었던 휴대전화를 켰다. 부재중 전화 21통. 모두 희정에게서 걸려온 전화였다. 동원은 그대로 통화 버튼을 눌렀다. 얼마간의 신호음 끝에 희정의 목소리가 들려왔다.

"여보세요."

"희정 씨, 저예요, 송동원."

희정의 목소리는 흥분되어 있었다.

"아직 세상은 살 만한 곳인가 봐요."

"그게 무슨 소리예요?"

"가맹점주들이 아빠가 쓰러져서 반신불수가 되신 것을 알고는 아빠에게서 받은 배상금 중 3000만 원씩을 다시 돌려주었어요. 그리고 자기네들이 너무했다고 사과도 했구요."

"야박한 사람들은 아니었나 봐요. 오늘 만나요. 만나서 얘기해요. 사장님의 한을 풀어드릴 수 있을 것 같아요."

그날 오후 동원은 희정과 재회했다. 그는 희정에게 황 교수의 유산균에 대해 설명하고 유산균 아이스크림으로 다시 승부수를 띄워보자고 제의했다.

"동원 씨를 믿을게요. 그리고 아이스크림은 제가 지금까지 아빠에게 배운 것만으로도 충분히 만들 수 있어요."

"우리 다시 해봐요."

"그리고 이번에는 모든 걸 잘 준비해서 꼭 성공해요. 사업이 마음만으로 되는 것은 아니잖아요."

동원은 기쁨에 들떠 희정을 꼭 껴안았다. 희정은 잠깐 놀라긴했지만 뛸 듯이 기뻐하는 동원을 보자 왠지 마음이 들뜨기 시작했다. 모든 일이 술술 풀릴 것 같은 예감이 들어 동원도, 희정도 오랫동안 서로를 안고 놔주지 않았다.

4

그다음 날 희정과 동원은 저번과 같은 실수를 다시는 저지르지 않기 위해 프랜차이즈에 대해서 철저히 공부하기로 했다. 그래서 두 사람은 곧장 이 변호사를 찾아갔다. 동원은 처음 이곳을 찾았을 때를 가만히 떠올려보았다. 소송 때문에 찾아왔을 때는 겁을 잔뜩 집어먹고 땀을 삘삘 흘렸었다. 그러나 지금은 어떤가. 동원의 마음속에는 알 수 없는 긍정의 기류가 가득 차오르고 있었다. 동원에 비해 희정은 약간 긴장한 듯 보였다. 그도 그럴 것이 소송을 준비하는 동안 희정은 매장 일을 도맡아서 하느라 이런 법적인 문제를 접할 기회가 없었다. 동원과 희정은 법여울 사무실로 들어섰다. 이 변호사의 비서가 동원과 희정을 맞았다.

비서는 이 변호사의 방으로 들어가 동원과 희정의 방문을 알렸고 곧 동원과 희정이 이 변호사의 방으로 들어섰다. 3개월 전과 다를 바 없는 한결같은 내부다. 이 변호사는 동원을 대번에 알아보았다.

"아, 오랜만입니다. 잘 지내셨습니까?"

"잘은 아니고 그럭저럭 지냈습니다."

동원은 이 변호사의 크고 따뜻한 손을 맞잡으며 환하게 웃었다. 그리고 모두 소파에 앉았다.

"이번에는 무슨 문제로 여기까지 오셨습니까?"

"아, 문제는 아니고…… 사업 때문에 자문을 구하러 왔습니다."

"사업이라면……?"

"예, 맞나 아이스크림을 다시 일으켜보려고요. 하지만 이번에는 준비를 철저히 해보려고 합니다. 그러려면 이 변호사님의 도움이 절실합니다."

"그렇군요. 구체적으로 어떤 자문이 필요하십니까?"

"프랜차이즈도 그렇고, 지적재산권과 저작권 문제도 그렇고.

아이디어와 법

이런저런 법적 자문이 필요합니다. 법적 자문 계약을 이 변호사님과 맺고 싶습니다. 당장은 계약금을 많이 드릴 수 없지만 사업이 잘되면 충분히 보상해드리겠습니다. 이 변호사님, 도와주십시오."

동원의 눈은 의욕으로 불타오르고 있었다. 그런 동원을 보며 이 변호사는 고개를 끄덕였다.

"좋습니다. 저도 그 후로 신경이 많이 쓰였습니다. 이번에는 잘 해봅시다. 자, 어떤 것부터 도와드릴까요?"

동원은 이 변호사의 넉넉한 인심에 감동했다. 옆에 있던 희정도 마찬가지였다. 일이 처음부터 잘 풀리는 것 같아 두 사람은 기분이 좋았다.

"우선은 제가 유산균과 아이스크림을 조합한 유산균 아이스크림을 개발할 건데 여기에 대한 자문부터 들어보고 싶습니다."

"아, 유산균 아이스크림이라. 새로운 아이디어군요. 지적재산권의 대상인 아이디어는 마치 휘발유와 같아서 정말 관리를 잘하셔야 합니다. 아이디어는 관리를 잘못하면 그대로 날아가버리지만 관리만 잘한다면 엄청난 힘을 발휘하니까요."

이 변호사는 말을 이었다.

"[14]원래 아이디어는 법으로 보호받지 못합니다. 영어로는 퍼블릭 도메인(public domain)이라고 부르지요. 그래서 누구

14 법적으로 보호되지 않는 아이디어 사례

- 1960년대에 유명 연예인이 미니스커트를 입어서 화제가 되었고 그때부터 미니스커트가 선풍적인 인기를 끌었다. 그렇다면 그 연예인을 따라 미니스커트를 입은 여자들은 그 연예인에게 로열티를 지불해야 할까? 그리고 로열티를 지급하지 않은 여자의 경우 미니스커트를 벗길 수 있는 것일까?

- 누군가 꼭짓점댄스나 살사댄스, 디스코 등의 춤을 처음 추기 시작하여 곧 선풍적인 유행을 일으켰다. 그렇다면 그 사람의 허락 없이 꼭짓점댄스를 출 경우 이를 금지하는 가처분이나 금지소송이 가능할까?

- 축구 감독 히딩크가 새로 개발한 축구 공격 전술 덕분에 우리나라 국가대표 팀이 경기에서 승리했다고 치자. 이후 다른 감독이 그 전술을 자신의 팀에 적용하여 득점을 올린 경우 그 득점에 대해 로열티를 내야 하고 로열티를 내지 못하면 그 골은 히딩크의 권리를 침해한 불법행위로 무효가 되는 걸까?

- 처음으로 덩크슛을 한 사람은 이후 자신처럼 덩크슛을 성공시키는 사람에게 로열티를 받을 수 있을까?

이런 질문들에 대해 고민하다 보면 다른 사람의 아이디어를 마음대로 가져다 쓴 경우 무죄가 되어야 함을 알 수 있다. 즉 다른 사람의 아이디어에 얼마든지 무임승차(Free Riding)할 수 있는 것이다. 왜냐하면 아이디어에

나 대가 없이, 허락 없이 쓸 수 있는 겁니다.”

동원과 희정은 고개를 갸우뚱했다.

“그럼 왜 우리 아빠는 스킨 아이스크림의 아이디어를 도용했다고 재판을 받은 거죠?”

희정이 의아한 듯이 물었다.

“국가는 휘발유와 같은 아이디어를 보호하기 위해 몇 가지 절차를 규정해두고 있습니다. 바로 특허법, 의장법(디자인보호법), 상표법, 저작권법, 컴퓨터프로그램보호법, 부정경쟁방지 및 영업비밀보호에 관한 법률 등입니다. 그래서 아무리 아이디어를 대가 없이, 허락 없이 쓸 수 있다고 해도 최소한 그런 법률들로 보호되는 권리들은 보호를 받을 수 있는 것입니다.”

그제야 동원과 희정은 고개를 끄덕였다.

“그럼 프랜차이즈 사업을 시작할 때는 무엇을 주의해야 하죠?”

동원은 이 변호사에게 그동안의 일들을 자세히 들려주고 질문

했다. 이 변호사는 자신의 노트에 뭔가를 메모하더니 동원과 희
정에게 앞으로 해야 할 일들에 대해서 자세히 설명해주기 시작
했다.

"자, 우선 송동원 씨와 여자 분의 성함이……?"

"윤희정이라고 합니다."

"네, 윤희정 씨와 송동원 씨가 제일 먼저 해야 할 일은 권리
의무관계를 분명히 하는 [15]동업계약서를 작성하는 겁니다.

15 동업계약 라이선스계약

1. 동업계약

동업을 할 경우 동업계약서를 작성하는 것이 좋다. 가까운 사이일수록 정에

끌려 비합리적인 결정을 내릴 가능성이 높으므로 각자의 권리의무관계와

역할을 분명히 해둠으로써 분쟁을 예방하는 것이 좋다. 동업계약서에는 다

음과 같은 내용이 포함되어야 한다.

1) 동업당사자들의 역할

2) 특히 동업당사자들이 출자할 금액 및 노력

3) 동업사업체의 형태 (개인사업자 혹은 법인)

4) 출자금의 용도

5) 이익의 배당 및 배분 방법

6) 결손시 손해의 부담

7) 존속기간

8) 분쟁 시의 해결 및 기준

2. 라이선스계약

재산적인 가치가 있는 경제적, 공업적 기술에 관한 특허권, 실용신안권, 의장권(디자인권), 상표권, 기타 노하우를 포함한 산업기술의 실시 내지 사용을 허락하고 이에 대한 대가를 지급하기로 약정하는 계약. 라이선스계약은 독점적 라이선스계약과 비독점적 라이선스계약으로 나뉜다. 우리나라에서는 라이선스계약에 대해 특허권 등을 독점적으로 사용할 수 있는 전용실시권과 비독점적으로 사용할 수 있는 통상실시권을 특허원부 등에 등록할 수 있게 하고 있다. 상표권에 대해서는 전용사용권과 통상사용권으로 등록할 수 있게 하고 있다.

프랜차이즈를 시작하려면 가급적 주식회사를 설립해서 서로의 역할분담과 지분관계를 분명히 해야 합니다. 그래야 나중에 오해가 생기지 않습니다."

이 변호사의 말을 들은 동원과 희정은 고개를 끄덕이며 서로의 얼굴을 바라보았다. 두 사람의 얼굴에는 슬며시 어색한 미소가 피어났다.

"두 번째로, [16]발효균에 대한 특허권 등 권리관계를 확인하고 황 교수와의 법률관계를 분명히 해두서야 합니다. 특히 아이스크림 시장에서 균에 대한 공급 독점권을 보장받고 그에 대한 대가를 확실하게 지불해야 합니다. 그리고 균에 대해서는 특허를 받을 수 있는 경우와 특허를 받을 수 없는 경우 등 여러 경우가 있으므로 황 교수님이 어떤 특허권을 가지고 있는지, 그리고 장래 어떤 추가적인 특허를 획득할 예정인지 확인해두어야 합니다. 그리고 그 특허권으로 안정적인 사업을 영위하기 위해서는 독점적으로 라이선스를 받아야 하고 그에 대한 권리를 특허청의 특허원부에 기재해 다른 사람들도 알게 해야 합니다.”

16 균에 대한 특허권

여기 나오는 루코노바실러스는 현재 존재하는 루코노시트리움(Leuconocitrium)과 락토바실러스(Lactobacillus) 균을 재합성한 균을 개발했다는 전제하에 저자가 임의로 만든 것이다. 균을 발견한 것만으로는 특허를 받을 수 없다. 단순히 균을 발견했을 경우에는 그 균을 사용하는 과정, 관련 제품의 제조방법, 그에 필요한 기구 등에 대해서만 특허를 받을 수 있다. 또한 그 균의 배양기술이나 배양에 필요한 도구 등에 대해서도 특허를 받을 수 있다. 하지만 인위적으로 변형하여 새로 만들어낸 균이나 합성한 균의 경우에는 균 자체에 대해서도 특허를 받을 수 있다. 즉 단순히 발견해낸 균보다는 인위적인 변형을 통해 만들어낸 균에 대한 특허가 훨씬 더 강력하다.

그 순간 동원은 황 교수의 유산균은 합성해낸 균이라서 강력한 특허권을 가지게 된 것이라고 생각했다.

이 변호사는 특허정보검색서비스 사이트(www.Kipris.or.kr)에 접속해서 특허권을 검색해본다. 1) 유산균 루코노바실러스 2) 유산균 루코노바실러스를 함유한 김치 샐러드 3) 유산균 루코노바실러스가 첨가된 아이스크림과 그 제조방법 4) 아이스크림 제조도구……. 모두 황 교수 명의로 특허권이 등록되어 있었다.

"그러면 먼저 황 교수님에게서 위 특허권들에 대한 라이선스를 받아다가 사업을 시작해야겠군요. 독점적으로 특허권을 사용할 수 있도록 독점적 라이선스계약을 맺고 전용실시권등록을 해두면 제3자에게도 대항할 수 있습니다."

동원은 이 변호사의 말을 열심히 수첩에 메모했다. 그런 동원을 희정은 흐뭇하게 바라보았다.

이 변호사는 두 사람을 보며 계속 말을 이었다.

"그리고 균에 대한 영업비밀로서 관리 시스템을 철저하게 만들어두어야 합니다. 영업비밀로 보장받기 위해서는 그 영업비밀에 접근할 수 있는 사람을 제한하고 접근 기록을 남겨두어야 합니다. 또 그 영업비밀을 취급하는 사람과 비밀 유지 약정 등을 해두어야 합니다. 그리고 영업비밀은 회사에서 시스템적으로 관리를 잘해야겠죠?"

　이 변호사의 설명은 너무 쉽고 친절해서 동원과 희정이 뭔가를 되물을 필요도 없었다. 어느새 두 사람의 마음속에는 이 변호사에 대한 신뢰가 자라기 시작했다.

　"자, 이제 새로운 프랜차이즈의 이름에 대해 설명하겠습니다. 새로운 프랜차이즈의 이름은 소비자들에게 친근한 반면 다른 브랜드와 차별성이 있어야 합니다. 브랜드는 친근감이 가장 중요합니다. 브랜드에 대해 소비자들이 친근감을 갖기 시작하면 홍보비가 대폭 절감되기 때문에 비용 면에서, 그리고 홍보 면에서 유리하죠. 하지만 친근감만 강조해서 독창성과 차별성이 떨어지면 법적으로 보호받을 수 없는 경우가 있습니다. 맛나 아이스크림이 그 대표적인 사례겠죠. 맛나 아이스크림이라는 이름은 친근감은 있지만 차별성을 인정받기는 어렵습니다. 그러므로 차별성과 친근감을 함께 갖춘 독창적인 브랜드를 만드는 것이 가장 중요합니다."

　동원은 이 변호사의 말에 고개를 갸우뚱했다. 대체 독특하면서도 친근한 브랜드명을 어떻게 찾아야 하는 것일까? 말은 쉽지만 막상 찾으려면 없는 것이 바로 브랜드명이기 때문이다.

　"대체 어디서 독창적이고 친근한 브랜드 이름을 찾죠?"

　동원의 질문에 이 변호사는 싱긋 웃으며 차근차근 설명을 계속했다.

아이디어와 법

"친근감은 그 업종과 관련 있는 보통명사나 지명 등을 사용할 경우 높아지지요. 하지만 그 경우 상표나 서비스표로 등록받지 못할 수가 있습니다. 소설, 영화 등 여러 문화적인 요소들을 차용하여 친근한 상표를 만들어낼 수 있는 경우도 많죠. 이런 작업을 통해 브랜드가 정해지면 적은 홍보비로 충분한 광고효과를 누릴 수 있고 법적인 보호도 받을 수 있습니다."

이 변호사의 설명을 들은 동원은 고개를 끄덕였다. 브랜드명을 어떻게 지어야 할지 대강은 실마리가 잡히는 것 같았다. 하지만 아직은 고민할 여지가 많은 부분이라 희정과 나중에 좀 더 상의해야겠다고 다짐한다.

"그리고 스킨 아이스크림에 대한 영업비밀침해나 저작권침해의 여지를 아예 없애야 합니다. 이미 송동원 씨는 스킨 아이스크림과 영업비밀에 대한 소송을 한 번 하신 적이 있으므로 가급적이면 스킨 아이스크림의 영업비밀과 확실히 구분되는 색다른 기술을 구사해야 합니다. 이번에는 살아 있는 유산균을 첨가하는 기술이 새로 추가되니까 조금만 검토하시면 영업비밀 부분을 문제 없이 정리할 수 있을 겁니다. 또한 광고 문안, 도형, 간판 등의 문제도 홍보의 초점을 살아 있는 유산균에 맞춘다면 충돌은 없을 것 같습니다. 그리고 이런 [17]지적재산권은 종합적으로 운영

희정은 이 변호사의 친절한 설명을 들으면서 긴장이 눈 녹듯이 사라지는 것을 느꼈다. 동원의 수첩에는 이 변호사의 설명이 빠짐없이 빼곡하게 적혀 있었다.

"자, 그리고 아이스크림에 적용되는 균의 활용 방안과 그에 대한 광고 방안에 대해서 반드시 검토해야 합니다. 그에 대한 아이디어가 나오면 그때 다시 구체적으로 상의해보시죠. 어떻게, 도움이 좀 되셨습니까?"

이 변호사는 다 식어빠진 녹차를 한 입 들이켰다. 길게 설명하느라 목이 아팠으리라. 동원은 이 변호사의 설명이 적힌 수첩을 덮으며 이 변호사를 향해 활짝 웃었다.

"정말 도움이 되었습니다. 감사합니다, 이 변호사님. 빨리 찾아오길 잘한 것 같습니다."

"도움이 됐다니 다행입니다. 아, 벌써 시간이 이렇게 됐군요. 같이 점심이나 하시겠습니까?"

이 변호사와 점심식사를 하고 돌아오는 길, 희정과 동원은 법률자문이 프랜차이즈를 준비하는 데 왜 그렇게 중요한지를 이제야 깨달았다. 그리고 이 변호사가 있어 한결 든든한 기분이었다.

"아빠도 이렇게 준비하셨더라면 좋았을 텐데……."

17 지적재산권은 종합적으로 운영해야

특허권, 의장권(디자인권), 상표권, 저작권, 영업비밀 등 지적재산권은 개념 상으로는 별개의 권리로 보이지만 영업 현장에서는 종합적으로 활용된다. 이런 종합적 활용은 계약을 통해 이루어지기 때문에 지적재산권의 활용은 계약법 등 다른 법들과의 연계하에서 진행된다.

휴대전화를 예로 들면 음성을 전달하여 통화자끼리 대화를 나눌 수 있게 하는 기술은 특허권으로 보호받을 수 있고, 그 휴대전화의 모양은 의장권 (디자인권)으로 보호받을 수 있다. 그 휴대전화의 모양에 예술성이 있다면 그 또한 저작권으로 보호받고, 그 휴대전화의 이름은 상표권으로 보호받는 다. 그 휴대전화를 만드는 기술 등 노하우를 비밀로 유지하고 있다면 그 부분은 영업비밀로 보호받는다. 그리고 그 권리들을 침해할 경우 불법행위로 서 형사적인 처벌이나 민사적인 책임을 지게 된다.

나아가 휴대전화를 개발하는 근로자나 협력업체 등과는 근로계약서, 납품 계약서, 연구계약서, 라이선스계약서 등으로, 그 휴대전화를 판매하는 사 람과는 판매약정서 등으로 계약을 체결해야 한다.

정리하면 지적재산권은 개념적으로는 특허권, 상표권, 디자인권, 저작권, 영업비밀 등으로 나뉘지만 현실적으로 이런 권리들은 복합적으로 다루어 지고 여러 형태의 계약을 통해 구현되므로 지적재산권은 종합적으로 검토 운영되어야 한다.

희정은 병석에 누운 기수를 생각하니 마음이 아프다. 희정이 안쓰러운 동원은 희정의 등을 두드리며 위로의 말을 건넸다.

"이제라도 알았으니 다행이죠. 우리 지나간 일을 발판 삼아 열심히 준비해요. 사장님도 이런 희정 씨를 보면 기뻐하실 거예요."

"그렇겠죠……? 아빠도 좋아하시겠죠?"

"그럼요. 사장님의 평생의 꿈을 우리가 다시 이뤄드리는 거니까 기쁘실 거예요. 그러니 우리 열심히 해요. 처음부터 차근차근 준비할 테니까 희정 씨는 나만 믿고 따라와주면 돼요."

동원의 믿음직한 모습에 희정은 다시 기운이 났다. 모든 게 순조롭게 풀리는 기분이었다. 희정과 동원은 한결 가벼워진 마음으로 기수를 만나러 갔다.

브랜드 론칭

1

동원은 집 안에 들어서자마자 아버지 송진의 서재로 향했다.
문을 두드리고 서재 문을 여니 송진은 라디오를 듣고 있었다. 라
디오에서는 7, 80년대 음악이 흘러나오고 있었다.

"아버지."

동원이 아버지를 조심스레 불렀다.

"무슨 일이냐?"

송진은 눈을 감은 채 대답했다. 동원은 송진의 옆에 앉았다.

"아버지, 도전해보고 싶은 사업이 있어요."

"사업?"

송진이 감았던 눈을 떴다. 동원의 얼굴은 까칠해 보였지만 두 눈만은 이상할 정도로 빛났다.

"네, 도전이요. 제가 그동안 아이스크림 가게에서 일했던 건 아시죠?"

"그래, 그 가게 인테리어를 내가 맡아서 했잖니. 그런데 그건 왜?"

"제가 다시 그 가게를 살려보고 싶어요."

"뭐?"

"제가 그 가게를 다시 살려보고 싶다구요. 물론 제가 거의 다 바꿀 거지만요."

동원은 송진의 걱정스러운 눈을 보면서도 전혀 두려움이 없었다. 송진의 의견이 어떻든 자신은 반드시 해내고 말 것이라고 굳게 마음먹었기 때문이다.

"윤 사장님은 어쩌고 네가 하겠다는 거냐? 돈은 어디서 구하고."

"그때 가게가 문을 닫고 사장님께 사고가 좀 있었어요. 그래서 지금은 병원에 계세요. 말도 제대로 못 하시고 다른 사람의 도움 없이는 화장실도 제대로 못 가세요."

브랜드 론칭

"아니, 그런 일이 있었어? 그런데 왜 그동안 말하지 않았니?"

"말할 틈이 없었어요. 그런 좋은 분이 심어둔 소중한 씨앗이 열매를 맺게 하고 싶어요. 그래서 이 일에 뛰어들어야겠다고 다짐한 거구요. 확실히 성공할 자신이 있어요, 아버지."

동원의 확고한 눈빛을 보면서 송진은 잠깐 동안 말을 잇지 못했다. 하지만 송진은 위험이 너무 큰 일이 사업이라고, 그러니 그만두라는 말을 할 수가 없었다.

"사업 자금은 어떻게 마련할 거니?"

"윤 사장님의 따님과 동업할 거예요. 그래서 사업 자금은 그쪽에서 부담하고 일만 같이하기로 했어요."

"흠…… 그렇구나. 그럼 열심히 해봐."

송진은 여전히 내키지 않았지만 아들의 결심에 따라줘야겠다고 생각했다.

"그런데, 아버지. 부탁이 있어요."

"뭐?"

"매장 인테리어 말인데요. 이번 인테리어는 처음부터 다시 시작하는 거니까 아버지가 하나부터 열까지 정성껏 해주셨으면 해요."

동원은 조심스레 말을 꺼냈다. 송진은 동원의 부탁을 흔쾌히 수락했다.

　그리고 송진과 동원은 바로 매장 인테리어에 대해 의논하기 시작했다. 벽지부터 시작해서 테이블과 바닥까지 하나하나 꼼꼼히 따지고 또 따져봤다.

　그리고 동원은 특허권, 의장권(디자인권), 상표권, 저작권, 영업비밀 등으로 보호받을 수 있는 부분들에 대해서는 이 변호사에게 조언을 구했다.

　먼저 유산균 특허를 상징하는 로고를 만들어서 저작권 등록을 하고, 그 로고와 레드앤드스노(Red&Snow)라는 문자를 합쳐 서비스표권과 상표권으로 등록했다. 업종은 아이스크림, 얼음, 제과, 잡화류, 프랜차이즈 등으로 정했다. 그리고 간판은 깨끗한 이미지에 로고와 상호를 넣는 것으로 결정했다. 송진은 수저와 포크 등 식판, 테이블보, 광고 문안 디자인도 도와주었다. 송진은 수저와 포크에는 브랜드명을 도형화해서 넣고 식판, 테이블보, 광고지에는 통일된 이미지를 줄 수 있는 색상, 도형, 문자 등을 고안해 넣으라는 조언을 잊지 않았다.

　다음 날 동원은 병원 앞 카페에서 희정을 만나 어젯밤 송진과 의논한 내용들을 설명하고 도안 등을 보여주었다.

　"대충 이렇게 해봤는데 희정 씨 생각은 어때요?"

　"괜찮은데요? 생각보다 너무 잘 나와서 놀랐어요. 역시 동원

씨 아버님은 안목이 뛰어나신 것 같아요. 이제 정말 가게 오픈일
만 기다리면 되겠어요."

희정의 말이 끝나자마자 동원은 희정의 손을 꼭 잡았다.

"이제부터가 시작이에요. 희정 씨, 지금까지 나를 믿고 잘 따
라와줘서 너무 고마워요. 우리, 정말 잘해봐요."

희정은 자신의 손 위에 포개져 있는 동원의 손을 다시 맞잡았
다.

"우리, 잘할 거예요. 지금까지 모든 게 순조로웠잖아요? 아무
리 어려운 일이 닥쳐도 그때처럼 바보같이 당하지 않을 자신이
있어요. 아빠를 생각해서라도 이젠 가만히 바보처럼 살지 않겠
어요. 우리, 정말 잘해야 돼요. 그죠, 동원 씨?"

"당연하죠!"

동원과 희정은 맞잡은 두 손에 더욱 힘을 주었다.

그로부터 이틀 후 송진은 새로운 가게에서 공사를 시작했다.
동원과 희정은 오픈을 준비하며 분주한 날들을 보냈다. 인테리
어 공사는 오래 걸리지 않았다. 한 달이 채 지나지 않아 새로운
가게에 레드앤드스노(Red & Snow)의 간판이 내걸리면서 공사
는 끝났다. 그리고 브랜드 론칭이 시작되었다. 곧바로 맛나 아이
스크림의 가맹점 여섯 곳도 레드앤드스노로 간판을 바꾸어 달고
인테리어 등을 본 매장과 통일시켰다. 시작은 미미했으나 레드

앤드스노는 금세 자리를 잡기 시작했다. 특히 살아 있는 유산균 아이스크림을 대표 상품으로 앞세운 것이 효과가 있었다. 레드앤드스노가 서서히 자리를 잡는 것과 동시에 아이스크림 프랜차이즈 업계에도 소문이 돌기 시작했다. 악덕 이완영이 무리한 투자로 망한 후 이완영보다 더 악랄한 금성룡이 스킨 아이스크림의 주인이 되어 일방적으로 프랜차이즈를 끌고 간다. 반면 선량하게 사업체를 운영하던 윤 사장은 이완영과의 소송에서 패소한 후 가맹점주들의 피해를 모두 배상해주고 결국 반신불수로 병원에 누워 있다고. 그런데 이제 윤 사장의 딸인 희정이 대를 이어 프랜치이즈 업계에 뛰이들이 아버지처럼 양심적으로 사업을 하고 있다고. 이렇게 소문이 퍼지자 레드앤드스노의 이미지는 높아졌다. 게다가 살아 있는 유산균 아이스크림은 어디에서도 볼 수 없었던, 건강에 좋은 아이스크림이었으니 사람들에게 인기를 끌 수밖에 없었다. 레드앤드스노는 그렇게 매출이 증가하고 있었다.

2

한편 금성룡이 인수한 스킨 아이스크림 사무실.

성룡은 무언가 짜증 나는 듯 사무실 안을 돌아다니고 있었다. 잠시 후 금지석이 사무실로 들어섰다. 성룡은 화를 참지 못하고 지석의 얼굴에 서류 뭉치를 던졌다.

"너, 뭐 하는 놈이야! 레드앤드스노가 다 뭐고, 살아 있는 유산균 아이스크림이 다 뭐야? 그동안 이 일에 대해 알고 있었어, 모르고 있었어?"

성룡의 성난 목소리가 사무실 안에 쩌렁쩌렁 울려 퍼졌다. 지석은 성룡이 예뻐하는 조카였지만 이런 중대한 시점에 저지른 실수는 용납할 수 없었다.

"죄송합니다, 삼촌. 알고 있긴 했는데 그다지 중요하지 않은 것 같아서……."

"뭐? 중요하지 않다고? 네가 정신이 똑바로 박힌 놈이야? 어떻게 이게 중요하지 않아? 그동안 네가 어디서 첩자 노릇을 했는지 잊었어? 바로 윤기수 가게라고! 윤기수 가게!"

화가 머리끝까지 난 성룡은 분을 이기지 못해 계속 씩씩대고 있었다. 그런 성룡 앞에서 지석은 안절부절 못하며 어떻게 해야 성룡의 화를 잠재울 수 있을지에만 골몰하고 있었다.

"윤기수는 병원에 장기 입원 중인 데다 말도 제대로 할 수 없는데 그들이 뭘 할 수 있……."

"지석아, 이 어리석은 놈아. 지금 돌아가는 상황을 봐. 사람들은 레드앤드스노의 살아 있는 유산균 아이스크림에 대해서만 떠들고 있어. 거기 매출도 엄청나게 늘었고. 원래 사업이란 초창기에 싹을 잘라야지, 그냥 두면 호랑이가 되어서 달려든다고……. 우리가 이완영을 몰아내고 이 회사의 주주가 되면서 매출이 조금씩 떨어지고 있어. 그런 마당에 점점 매출이 늘고 있는 레드앤드스노가 전혀 문제될 게 없다고 생각하는 네 놈의 머리는 대체 어떻게 된 머리냐!"

지석은 성룡의 화를 잠재우려다가 되레 키운 것 같아 가만히 입을 다물었다.

"대책을 생각해. 어떻게 해서든 레드앤드스노가 크는 걸 막아. 알겠어?"

"네."

"나가봐."

성룡의 사무실에서 나온 지석은 담배를 한 대 물고는 고민에 빠졌다. 무슨 수로 레드앤드스노의 앞길을 막을 수 있단 말인가. 지석은 성룡이 저렇게까지 화를 내는 이유를 알고 있었다. 최근 회사 안팎으로 성룡이 스킨 아이스크림의 최대 주주가 된 것에 대해 말이 많았기 때문이다. 게다가 최근 어느 모임에서 성룡은 완영의 회사를 빼앗은 것에 대해 노골적으로 비난받아 자존심이 많이 상한 터였다. 하필이면 그때 레드앤드스노의 소식을 접한 것이다. 지석은 신경질적으로 담배를 비벼 껐다.

"에이, 도대체 어떻게 대책을 세우라는 거야."

지석은 비벼 끈 담배꽁초 위에 침을 퉤 뱉었다. 그때 지석의 머릿속에 레드앤드스노의 성장을 막을 수 있는 묘안이 떠올랐다. 그는 당장 휴대전화를 꺼냈다.

"어, 나다. 지금 당장 레드앤드스노의 송동원이란 자에 대해 조사해. 그놈이랑 가까운 사람들도 전부."

3

지석의 손에는 송동원에 대한 정보가 가득한 종이 뭉치가 들려 있었다. 그는 의기양양하게 성룡의 사무실로 향했다.

"삼촌, 대책을 생각해냈습니다."

"그래? 어떤 대책?"

성룡은 지석의 말을 듣고 지석 가까이로 다가가 앉는다. 지석은 송동원에 대한 자료를 성룡에게 건넨다.

"송동원?"

"네, 윤기수의 딸 윤희정과 레드앤드스노를 함께 운영하고 있는 놈입니다. 그건 놈의 신상명세와 그의 인맥을 조사한 것입니다.”

송동원에 대한 자료를 죽 훑어보던 성룡은 어리둥절했다.

“이자에 대해 알아서 뭐 하려고?”

“곧 레드앤드스노에서 직원을 채용한다는 소식이 있습니다. 지금 레드앤드스노 측에서 밀고 있는 제품이 유산균 아이스크림 아닙니까. 그 유산균은 황 교수라는 자가 직접 개발해서 오직 레드앤드스노에만 독점적으로 공급한다고 합니다.”

성룡은 이제야 지석의 묘책이 무엇인지 감이 잡혔다.

“아, 그러니까 네 말은 우리 스파이를 그쪽 직원으로 들여보내서 그 유산균을 훔쳐오자는 거구나?”

“그렇죠. 바로 그거죠. 살아 있는 유산균만 손에 넣는다면 우리의 자금력과 기득권으로 레드앤드스노 정도는 충분히 물리칠 수 있을 겁니다, 삼촌. 유산균은 눈으로 보기도 힘들고 종류도 많아서 빠져나갈 길도 충분히 많습니다.”

“그럼 그 믿을 만한 스파이를 어떻게 레드앤드스노에 집어넣지?”

“제가 송동원의 인맥을 알아본 것도 그래서예요. 세 번째 페이지 좀 봐주시겠어요, 삼촌?”

성룡은 지석의 말에 따라 세 번째 페이지를 펼쳤다. 거기엔 송동원이 대학시절 친하게 지낸 친구들의 리스트가 있었다. 지석은 박효주의 이름을 가리켰다.

"박효주?"

"네, 송동원과 대학시절에 사귀었다고 합니다. 지금은 물론 헤어졌지만요. 알아보니 박효주가 유리은행에 다니면서 헤어지게 되었다더군요. 이 여자는 우리가 손써볼 수 있습니다. 삼촌이 거래하시는 유리은행의 대신지점에 근무하고 있더군요. 요즘 은행에서도 구조조정이다, 능력급이다 해서 예금 유치 경쟁이 치열하지 않습니까? 우리가 조금만 도와주면 박효주는 우리에게 협조할 겁니다. 게다가 박효주는 은행조직이 팀별로 바뀌면서 지금 팀장 승진을 눈앞에 두고 있다고 합니다. 우리가 팀장 승진에 도움을 주겠다고 꼬드기면 넘어올 것 같습니다."

"흠, 괜찮은 방법이군. 한번 해봐. 실수 없게 조용히 움직여. 안 그래도 요새 우릴 지켜보는 눈들이 많아."

"네, 삼촌. 그나저나 삼촌이 해주셔야 할 일이 있습니다."

"응? 뭔데?"

성룡은 손에 쥐고 있던 만년필을 내려놓았다.

"내일부터 스킨 아이스크림의 모든 계좌를 유리은행 대신지점으로 옮겨주시고 자금 중 50억 원만 박효주가 있는 대신지점으로 예치할 수 있게 해주세요. 나머지는 제가 다 알아서 하겠습니다. 그리고 지금 대신지점에 숙모님 명의로 들어 있는 사채 대

Ⅲ 나만의 브랜드를 만들어라!

기 자금 30억 원은 인출해버리세요."

다음 날 아침 성룡은 대신지점 지점장에게 전화를 걸었다.

"안녕하세요, 지점장님. 오늘 저희 사무실에서 급하게 쓸 돈이 필요해서요. 지난번 저의 집사람 명의로 예치해둔 30억 원을 인출해주세요."

"네? 그 많은 돈을 한꺼번에요? 죄송한 부탁이지만 다음 주에 지점장 평가가 있는데 그 이후에 인출해주시면 안 될까요?"

지점장은 애원했다. 지점장은 최근 실적이 저조해서 정리해고 대상으로 언급되고 있었다.

"아니, 이것 보세요. 사업가가 필요에 따라 돈을 인출하고 예금하는 거지, 지점장 자리나 지키라고 돈을 맡겨두는 게 아니지 않습니까?"

성룡의 냉담한 대답은 지점장의 가슴에 비수를 꽂았다. 지점장은 더 이상 성룡을 설득할 자신이 없었다.

"네, 알겠습니다. 11시까지 준비해두겠습니다."

지점장은 전화를 끊고 한숨을 쉬었다.

"나도 이제 그만둘 때가 되었나 보군."

보고 차 지점장실에 들어왔던 박효주가 그 말을 듣고 지점장을 위로했다.

브랜드 론칭

"지점장님, 기운 내세요. 별일 없을 거예요."

지점장은 박효주를 특별히 아끼고 있었다. 박효주가 대리급 중에는 가장 많은 고객을 유치했기 때문이다.

그날 오후 퇴근 시간이 가까워오는데 지석이 유리은행 대신지점 안으로 들어섰다.

"기업업무를 담당하는 박효주 대리님 계십니까?"

"전데요."

"아, 예, 제가 사업 때문에 금융자문이 필요해서요. 이 지점에서는 박 대리님이 일을 제일 잘한다고 하던데요."

지석은 스킨 아이스크림 본부장 직함이 찍힌 명함을 건넸다.

"아, 예. 반갑습니다. 스킨 아이스크림이라면 유명한 아이스크림 프랜차이저……."

"앞으로 저희 회사에서는 박효주 대리님과 거래를 했으면 합니다. 우선 오늘 10억 원을 예치하고 며칠 내로 40억 원을 추가로 예치할 계획입니다. 금융상품 중에서 좋은 것으로 추천해주세요. 돈은 버는 것도 중요하지만 관리는 더 중요하니까요."

"네, 현명한 선택이십니다, 고객님. 제가 열심히 관리해드리겠습니다."

효주는 한 시간 이상이나 금융상품을 종류별로 설명했고 은행 직원들은 하나 둘씩 퇴근했다.

"그나저나 저녁 시간도 되었는데 약속이 없으시면 식사라도 함께하시죠. 저희 회사에 대해 설명해드릴 테니까요."

박효주는 자신의 경력에 큰 도움이 될 지석의 부탁을 거절할 수 없었다. 게다가 효주는 금지석의 훌륭한 매너에 금세 호감을 가졌다. 똑똑한 데다 딱 부러지는 성격에 자금력 있는 회사의 본부장이라. 배경만 놓고 봤을 때는 상당히 매력 있는 남자였다.

그날 저녁 두 사람은 처음 만난 사이라고 볼 수 없을 만큼 친해졌고 즐거운 시간을 함께 보낸 뒤 지석은 효주를 집까지 바라다주었다.

그다음 날 지석은 퇴근시간에 맞춰 효주를 찾아갔다. 그런 지석이 효주도 싫지는 않았다. 우선 영업에 많은 도움이 되고 있으니 말이다.

3일째 되는 날 지석은 효주와 저녁을 먹으면서 서서히 자신의 계략을 실행에 옮기기 시작했다.

"집안에 아는 동생이 있는데 레드앤드스노에 면접을 봤다더군요. 그런데 거기 사장이 송동원이라는 사람인데 효주 씨와 같은 대학 출신이던데요. 혹시 아는 사람이에요?"

"아…… 예, 동원이는 제 친구인데요."

효주는 지석의 말을 들으며 의아했지만 그저 우연이라고 생각했다.

브랜드 론칭

"혹시 그 동생이 취업할 수 있도록 추천 좀 해주실래요? 친한 집안 동생이라 모르는 업체에서 일을 배우게 하려구요. 기회되면 한번 말이라도 해주세요."

효주는 조금 이상한 느낌이 들었지만 지석과 인연을 계속 이어가고 싶었다. 더구나 수십억 원의 자금도 은행에 예치해준다고 하지 않았던가. 지금 중요한 것은 은행 영업 아닌가?

그다음 날 지석은 효주가 권하는 해외펀드상품과 채권투자상품에 40억 원을 투자했다.

그리고 그달 대신지점에서 최고의 실적을 쌓은 효주는 팀장으로 승진했다.

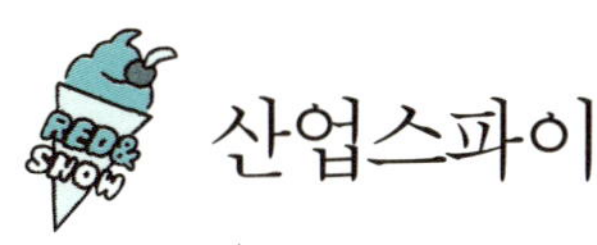 산업스파이

1

며칠 후 효주는 카페에 앉아 화장을 고치고 있었다.

'오랜만에 만나는데 꼬질꼬질하게 이게 뭐람. 미용실에서 머리나 만지고 올걸.'

효주는 바쁘다는 핑계로 미용실도, 피부관리실도 제대로 다니지 못한 자신의 얼굴을 들여다보며 한숨을 내쉬었다. 그때 카페 안으로 들어선 동원이 효주 앞에 앉았다. 효주는 얼른 거울을 가방 안에 밀어 넣고 동원을 쳐다보았다.

“왔네.”

“그래…… 그런데 웬일이야?”

동원은 효주가 2년이나 지나서야 자신을 불러낸 것이 믿기지 않았다. 그는 몇 번이고 거울을 보았지만 여전히 지금 자신의 표정이 어떤지, 혹시 얼굴에 뭘 묻히지는 않았는지, 머리는 헝클어지지 않았는지 불안했다. 효주도 마찬가지였다.

“응, 그냥 어떻게 사나 궁금해서. 소문 들으니까 너, 프랜차이즈 아이스크림 가게 냈다더라.”

“응. 가게가 이 근처야. 넌 아직 은행에 다니지?”

“응. 이야, 송동원이 잘나가는 아이스크림 가게 사장이 되다니? 프랜차이즈점도 몇 개 있다며?”

“많진 않아. 아직 시작한 지 얼마 안 돼서……. 그리고 난 그냥 파트너 중 한 명이야.”

동원은 어색한지 자꾸 머리를 만졌다. 어색한 건 효주도 마찬가지였다. 효주도 자꾸만 컵의 손잡이를 만지작거리며 동원을 흘끔흘끔 바라보았다.

“너, 아직 내가 보고 싶고 그래?”

동원은 효주의 말에 하마터면 물 잔을 엎을 뻔했다.

“정말로 궁금하고 보고 싶어서 불러냈어. 어떻게 사나 물어보고 싶었고. 간간히 네 소식을 듣고는 있었는데, 그래도 너를 만나서 이렇게 직접 들으니까 좋다."

동원은 가슴 한구석에서 뭔가 뜨거운 것이 스멀스멀 기어 올라오는 것을 느꼈다. 잠시 잊고 있었던 효주에 대한 감정. 먹고 사는 일이 바빠서 잊고 있었던 효주에 대한 기억들. 동원은 잠깐 마음이 복잡해지는 것을 느꼈다.

"나, 안 보고 싶었어? 그래도 우린 친구잖아."

효주가 동원의 손에 자신의 손을 포개놓았다. 효주의 손이 닿자 동원은 가슴이 '쿵' 하고 내려앉는 것을 느꼈다. 그리고 효주의 질문에 아무 말도 할 수 없었다. 동원은 그저 입술을 달싹이기만 했다.

"안 보고 싶었구나?"

"아니, 그런 건 아니지만 좀 갑작스러워서……."

"그렇게 너랑 헤어지고 후회 많이 했어. 그냥 친구로 지내도 되는데 왜 그렇게 성급하게 헤어지자고 했는지……."

효주는 점점 자신의 감정에 몰입하여 눈물까지 글썽였다. 그런 효주를 보며 동원의 마음도 같이 짠해졌다.

"다 내 잘못이지 뭐……."

동원은 힘없이 말했다.

효주는 아직 동원은 자신의 남자로는 만족스럽지 않다고 생각했다. 그래서 어느 정도의 선을 지키면서 원하는 것을 얻어야 한다고 생각했다. 그러면서 한편으로는 이렇게까지 연기를 잘해내는 자신에게 놀랐다. 어쩜 눈 하나 깜빡 안 하고 절묘하게 연기를 하는 걸까.

효주의 천연덕스러운 연기에 꼭꼭 닫혀 있었던 동원의 마음이 조금씩 열리려 하고 있었다.

효주는 동원 쪽으로 좀 더 다가가 몸을 기댔다. 동원은 그런 효주를 피하지 않았다.

효주는 자신의 덫에 쉽게 걸려드는 동원을 보며 기뻐해야 할지 슬퍼해야 할지 알 수 없었다.

"보고 싶었지만 내 처지가 아니었지. 그래서 널 잡지도 못했고……."

효주는 동원에게 더 바싹 기대어 앉았다.

"그래도 이렇게 다시 만났잖아, 우리. 그것만으로도 참 좋다. 동원아?"

"응?"

"내일 너희 가게에 놀러 가도 돼?"

"응? 가게? 정신없을 텐데……."

"그래서? 안 돼……?"

효주가 살짝 애교 섞인 목소리로 물었다. 동원은 당황했다.

"아니, 그건 아닌데 내가 너를 잘 못 챙겨줄 것 같아서……."

“아냐, 그건 농담이구, 혹시 원수영이라고 너희 가게에 면접
본 사람 있지?”

“아……응.”

“그 사람, 우리 고객이랑 친척이래. 혹시 그 사람, 뽑아줄 수 있
니?”

“그래, 생각해볼게.”

효주는 동원의 손을 더욱 힘주어 잡았다. 이번엔 동원도 효주
의 손을 힘주어 꼭 잡았다. 예전처럼 효주의 따뜻한 체온이 느껴
졌다.

“저녁 먹었어? 저녁 먹으러 갈까, 우리?”

“그래, 저녁 먹자.”

동원은 효주가 이끄는 대로 순순히 움직이고 있었다. 그런 동
원을 보며 효주는 자신의 목적에 한층 더 가까워지는 것을 느끼
며 조용히 미소 지었다.

2

그다음 날 점심시간이 지나자 효주가 매장에 도착했다. 근무
시간을 빼서 미용실에 다녀온 그녀는 어제보다 더 예뻤다.

“우와, 멋지다. 송동원 진짜 성공했네?”

“성공은 무슨.”

쑥스러운 듯 동원은 머리를 긁적였다. 그런 효주와 동원을 보면서 희정은 마음이 상한 듯 서둘러 영수증을 정리했다.

“매장 좀 구경시켜줘. 저긴 뭐 하는 데야?”

효주는 지나가던 희정과 마주쳤다.

“아, 희정 씨. 여긴 제 대학 동기 효주예요.”

희정은 동원의 팔에 착 감긴 효주의 팔을 보며 마음이 더 상했다.

“안녕하세요, 윤희정입니다.”

“안녕하세요, 박효주예요.”

효주는 도도한 눈빛으로 희정을 위아래로 쓰윽 훑더니 다시 동원의 팔을 더 힘주어 잡았다.

“동원아, 나 이제 은행에 들어가봐야 될 것 같아.”

“으, 응. 그래야지.”

동원은 괜히 희정의 눈치를 살피며 효주의 말에 대답했다. 희정의 표정은 시무룩했다.

“내일 연락할게. 희정 씨, 만나서 반가웠어요. 또 봐요.”

“아, 네, 안녕히 가세요.”

효주는 빠른 걸음으로 사라졌고 동원과 희정은 멀뚱히 서 있었다. 둘 사이에는 어색한 기운이 감돌았다.

"희정 씨, 저기 그게……."

"재고량을 체크해야겠어요."

뭔가 변명을 하려던 동원의 말을 뚝 자르고 희정은 창고로 사라졌다.

'아, 이게 아닌데…….'

동원은 자신이 묘한 상황에 휩싸인 것이 골치 아파 머리를 헝클며 주방으로 향했다.

3

효주는 최고급 식당의 룸에서 지석과 단 둘이 와인을 마시고 있었다.

지석은 최고급 와인을 주문하고 분위기를 냈다. 웨이터가 둘만을 위해 시중을 들었고 달콤한 음악이 들려왔다. 효주는 조용히 웨이터가 따라주는 와인을 받으며 만족한 듯이 웃고 있었다.

사실 동원보다 지석이 훨씬 세련되고 매너도 좋았다. 게다가 지석은 효주가 지금껏 만난 그 누구보다 돈이 많았다. 우리나라 최고의 아이스크림 프랜차이즈 스킨 아이스크림의 실세 아닌가.

"원수영이 오늘부터 레드앤드스노에 출근하기로 했다네요. 고맙습니다. 제 부탁을 들어주서서."

효주는 왜 원수영의 취업을 부탁했는지 물어보고 싶었지만 괜히 불편해질 것 같아서 묻지 않기로 했다.

그 순간 지석의 휴대전화가 울렸다. 지석은 화장실로 가서 전화를 받았다.

"오늘 균배양실의 위치와 균주가 있는 위치를 확인했습니다. 3, 4일만 있으면 균을 훔칠 수 있을 것 같습니다. 생각보다 경비가 허술해서 문제는 없을 것 같습니다."

"수고해. 실수 없도록."

자리에 돌아온 지석은 준비한 선물을 꺼냈다.

시가 2000만 원 상당의 1캐럿짜리 다이아몬드 목걸이였다.

"선물이에요. 효주 씨와 저의 거래와 우정과 미래를 위해서……. 전 효주 씨같이 적극적이고 자신감 있는 여성분이 좋아요."

효주는 목걸이를 보고 눈이 휘둥그레졌다. 그동안 값비싼 선물을 많이 받아보았지만 이번 선물은 정말 다른 선물과는 비교도 안 될 만큼 눈이 부셨다. 동원이 주던 구리반지, 은반지, 꽃반지와는 격이 달랐다. 효주는 역시 지석이 동원과는 격이 다르다고 생각했다.

'그래, 난 역시 동원이 같은 애송이는 싫어. 적어도 나와 인생을 논하려면 다른 사람에게 내보일 만한 돈이 있든지, 명예나 권력이 있어야지…….'

그날 밤 효주는 지석과 밤늦게까지 즐거운 시간을 보냈다.

한편 원수영은 잡일을 하면서 기회만 되면 균배양실에서 균을 훔쳐갈 생각을 했다. 드디어 근무 3일째 되는 날 균배양실의 문이 열려 있는 틈을 타서 균주를 훔친 원수영은 그 균을 금지석에게 건넸다.

패러디 마케팅의 성공

1

동원은 희정을 비롯한 직원들을 모아놓고 마케팅회의를 하고 있었다.

"현재까지 우리는 고객들에게 좋은 이미지를 심는 데 성공했습니다. 살아 있는 유산균 아이스크림도 성공적이고, 우리가 선량한 프랜차이저라는 인식이 퍼지고 있습니다."

동원은 목을 가다듬고 말을 이었다.

"하지만 이제 우리는 새로운 도전에 직면했습니다. 스킨 아이스크림에서도 적극적인 홍보 마케팅을 펼치고 있고 우리도 그냥 입소문으로 홍보하는 것에는 한계가 있어요. 매출이 더 이상 오르지 않고 있어요. 자금력과 조직력에서 열세임은 인정해야 합니다.”

“그럼 어떻게 하죠?”

직원들이 웅성거렸다.

“프랜차이즈는 브랜드 산업입니다. 브랜드의 힘만 키울 수 있다면 자금력과 조직력을 물리칠 수 있습니다. 좋은 방안을 협의해봐요.”

“브랜드를 키워야 고객들이 찾고 가맹점들이 영업에 성공할 수 있습니다. 이는 프랜차이저가 해야 할 가장 기본적인 역할입니다. 연예인 브랜드 마케팅을 해보면 어떨까요. 텔레비전 광고로요. 참신한 이미지의 연예인이나 노래를 활용해도 좋구요.”

희정이 활기차게 말했다.

“그것 좋겠네요. 한번 해보지요.”

“참! 요즘 ‘지지지지’, ‘미쳤어’ 라는 노래가 히트잖아요. 그 노래들을 개작해서 노래하면 어떨까요? 이런 식으로요.”

“아이스크림이 미쳤어 지지지지”

동원은 다음 날 ‘지지지지’ 로 유명세를 타고 있던 가수의 매

패러디 마케팅의 성공

니저들과 협의하였지만 유명 연예인을 동원할 만큼 자금력이 없
어 포기하고 말았다.

동원과 희정은 텅 빈 회의실에 앉아 똑같이 턱을 괴고 생각에
잠겨 있었다. 희정은 무언가 화려한 마케팅을 하고 싶은 눈치였
다.

"아, 참! 개그맨들이 유명한 노래들을 패러디해서 인터넷에 올
린 거 봤어요?"

"당연하죠. '노바디'를 '노가리', '레이니즘'을 '폭식니즘'.
보면서 얼마나 웃었는지 몰라요."

순간 희정과 동원 사이에 묘한 기운이 감돌았다. 그리고 희정
은 동원의 눈을 보며 동원이 무슨 생각을 하는지 알아챘다.

"그럼, 우리도?"

"그래요, 이 노래에 우리 아이스크림 이름을 넣어서 패러디하
게 하는 거예요. 상금도 충분히 걸고."

"정말 좋은 아이디어예요! 예를 들어 '너무 너무 맛있어. 멈출
수가 없어. 미. 치. 겠. 네. 베이베 베이베."

노래를 부르며 소녀시대의 율동을 살짝 따라하는 희정의 모습
이 동원에게는 너무나 귀여워 보였다.

"그런데 그 노래를 그냥 사용해도 될까요?"

희정이 갑자기 걱정스러운 표정으로 말했다.

“내일 이 변호사님을 찾아가서 확실히 물어보죠.”

동원은 다시는 법적인 실수로 공든 탑을 무너트리지 않겠다고 다짐했다.

다음 날 동원과 희정은 이 변호사를 찾아갔다.

“노래에는 세 가지의 큰 권리가 있습니다. 하나는 작곡가의 곡에 대한 저작권, 두 번째는 작사자의 가사에 대한 저작권, 세 번째는 가수의 초상권 내지 [18]퍼블리시티권.”

“춤은 똑같이 따라해도 문제되지 않나요?”

동원은 또 걱정이 되었다.

“춤에는 저작권이 없습니다. 다만 유명 연예인의 퍼블리시티권만 침해하지 않으면 됩니다. 즉 모창이라는 사실을 밝히지 않고 마치 유명 연예인이 직접 노래를 하는 것처럼 하면 부정경쟁방지법에 저촉될 수 있습니다. 하지만 모창을 하고 있다는 사실을 분명히 밝힌다면 혼동의 가능성이 없으므로 문제가 없습니다.”

18 퍼블리시티권

기존의 초상권에 재산권의 개념을 강화한 것으로 이름, 초상, 서명, 목소리 등 인격적인 요소가 파생하는 일련의 재산적 가치를 권리자가 독점적으로 지배하는 권리다.

패러디 마케팅의 성공

송동원은 이 변호사의 조언에 따라 음반저작권협회와 작곡가를 찾아가서 '지지지지'의 사용 대가로 1년에 300만 원을 지급하기로 했다. 가사는 패러디를 해서 개작을 하기 때문에 문제가 없었다. 가수의 초상권은 모창이라는 점을 분명히 하면 일반인들에게 혼동의 가능성이 없으므로 문제되지 않는다고 판단했다.

동원은 이벤트회사인 시티월드와 협약을 맺고 '지지지지', '미쳤어' 패러디 컨테스트 이벤트를 개최했다. 1등에서 5등까지는 총 1000만 원의 상금을 지급하고 장차 프랜차이즈가 성장하면 일정 조건으로 채용하는 방식으로 경품을 걸었다.

결과는 대성공이었다. 전국의 중고등학생, 대학생, 일반인들까지 5000개 이상의 동영상이 업로드되었다. 그것만으로도 이미 홍보 효과가 나타났다. 너무나도 참신하게 개사한 동영상들이 올라와 사람들이 원곡보다 레드앤드스노가 들어간 가사를 더 많이 따라했다. 신문에서는 '패러디 마케팅'이라는 새로운 마케팅 기법에 대해 기사를 싣기도 했다. 1등을 한 팀은 너무나 유명해져 결국 레드앤드스노의 지면 모델이 되었다.

레드앤드스노의 웹사이트는 동영상을 보려는 네티즌들로 폭주해 몇 차례 다운되기도 했다.

이런 홍보 효과로 레드앤드스노는 아이스크림 업계에서 일약 브랜드 인지도 2위에 올라섰다.

RED&
SNOW

프랜차이즈 히어로 IV

WORLD BEST!
RED & SNOW
레드&스노 NO.1
BEIJING MOSCOW NEW YORK PARIS
MADRID BERLIN
TOKYO LONDON SYDNEY
맛있어요!

제2차 프랜차이즈 전쟁, 영업비밀

1

"등기 왔습니다. 송동원 씨!"

"응? 등기?"

우체부에게서 등기를 받아든 동원의 얼굴이 하얗게 질렸다. 서울중앙지방법원에서 온 소장이었다. 대체 이번엔 무슨 일일까. 동원의 옆에 선 희정은 입술까지 하얗게 질려 있었다. 봉투를 찢는 동원의 손이 미세하게 떨렸다.

"원고 (주)스킨 아이스크림, 피고 (주)레드앤드스노, 송동원 윤희정. 이미 결과가 나온 스킨 아이스크림과 맛나 아이스크림 윤 사장 사이의 재판 결과에도 불구하고 윤 사장의 딸인 윤희정과 송동원이 협작하여 또다시 스킨 아이스크림의 영업비밀로 사업을 시작했으므로 이에 대한 사업 중단을 요청한다."는 내용이었다.

동원과 희정은 서로를 의아하게 쳐다보았다. 이번 메뉴들은 모두 동원과 희정이 고안해낸 것들이었다. 그중 유산균 아이스크림은 동원이 강원도까지 가서 찾아낸 것이었으므로 전적으로 레드앤드스노의 메뉴였다. 동원과 희정은 이대로 가만히 있을 수만은 없었다. 그 길로 동원은 이 변호사를 찾아가 소장을 보여주고 사건을 의뢰했다. 이 변호사는 소장을 꼼꼼히 읽어보더니 이번에야말로 지난 재판의 오명을 씻을 수 있겠다며 재판에서의 승소를 자신했다. 그리고 이 변호사는 이전 재판 자료를 동원에게 보여주며 그때와 같은 실수는 없을 거라고 거듭 강조했다. 동원은 착잡한 마음으로 이전 재판 자료들을 뒤적이다가 금지석이 제출한 진술서를 발견하고 충격에 휩싸였다.

"아니, 금지석 명의로 된 진술서는 뭐죠?"

"아, 그 진술서가 당시 소송에서 결정적으로 불리한 증거였어요. 맛나 아이스크림에서 근무한 직원이 상대방에게 유리한 진술을 했으니 더 이상 도망갈 곳이 없었지요."

제2차 프랜차이즈 전쟁, 영업비밀

이 변호사가 설명했다. 그리고 동원은 당시 지석이 판결이 나기 며칠 전부터 몸이 아프다는 핑계로 출근하지 않았던 사실을 기억해냈다. 그리고 그렇게 며칠 동안 나오지 않다가 맛나 아이스크림을 그만둔 것도.

'그랬군……. 금지석, 그 자식이 첩자였어…….'

이 변호사에게 사건을 의뢰하고 매장으로 돌아오는 길, 희정과 만나 점심을 먹고 거리로 나온 동원은 강남역 한복판에 설치된 전광판에서 스킨 아이스크림의 광고를 보고 또다시 충격에 휩싸였다.

"맛있어요, 건강에 좋아요, 살아 있는 유산균 아이스크림! 스킨 아이스크림으로 오세요!"

동원은 도저히 참을 수가 없었다.

"도, 동원 씨, 저게……."

"금지석, 이 자식을 그냥!"

"네? 지석 씨가 왜요?"

"아까 이 변호사님이 보여주신 이전 재판 자료들 중에 금지석의 진술서가 있었어요. 금지석이 첩자였다구요."

"네? 지석 씨가요? 그럴 리가요……."

동원의 말을 들은 희정은 뒤통수를 얻어맞은 듯한 충격에 몸을 비틀거렸다. 동원이 잡아주지 않았다면 옆 사람과 부딪힐 뻔했다.

"내 눈으로 똑똑히 확인했어요. 금지석이 스킨 아이스크림 이사로 있는 건 알고 있죠? 이게 다 금지석, 그 나쁜 자식이 꾸민 짓이라구요! 저 광고 좀 봐요! 살아 있는 유산균 아이스크림은 우리만 사용할 수 있는 특허상품인데 어떻게 스킨 아이스크림에서 만들어낼 수 있겠어요, 안 그래요?"

동원은 분을 이기지 못하고 씩씩거렸다.

"그럼 동원 씨, 대체 누가 살아 있는 유산균을 훔쳐간 거죠? 그건 우리밖에 볼 수 없는 거잖아요. 균배양실에도 우리 둘밖에 출입이 안 되고요."

"이러고 있을 게 아니라 어서 가서 균배양실에 설치해둔 CCTV를 확인해봐요."

희정과 동원은 뛰다시피 매장으로 향했다. 매장에 도착하자마자 동원은 균배양실 천장에 매달린 CCTV를 떼어내 CCTV회사로 향했다.

"여기 녹화된 것을 전부 확인하고 싶은데요."

"네, 한 30분 정도만 기다리세요."

"네."

동원은 의자에 앉아 초조하게 기다렸다. 곧 직원이 동원을 불렀고 동원은 녹화된 화면을 보았다. 원수영이 유산균이 든 시험

제2차 프랜차이즈 전쟁, 영업비밀

관 하나를 가방에 넣는 모습이 찍혀 있었다. 동원은 다시 한 번 충격에 휩싸였다.

"원수영, 이 자식 어디 있어?"

"일주일 전에 갑자기 부모님이 편찮으시다면서 고향으로 내려간다고 하고는 연락이 없는데요."

동원의 머리는 복잡했다.

'이럴 수가……. 효주가 나를 배신하다니……. 이건 말도 안 돼……. 아니야, 효주가 관여됐다면 아마 모르고 이용당했을 거야…….'

동원은 효주가 자신을 배신했다는 사실을 믿을 수가 없었다. 아니, 믿고 싶지 않았다.

다음 날 이 변호사 사무실.

"우리도 맞소송을 제기하죠."

"명백한 증거가 있으니 유리할 겁니다. 다만 원수영이 스킨 아이스크림에서 보낸 산업스파이라는 사실만 입증하면 됩니다."

"현재 스킨 아이스크림의 오너인 금성룡의 사업체에 원수영이라는 사람이 고용되어 있는지 확인하면 소송은 끝나는 겁니다. 그건 (주)스킨 아이스크림이나 금성룡, 금지석이 운영하는 회사의 의료보험가입자 명단이나 국민연금가입자 명단을 확인해보면 됩니다.”

“우선 원수영 사건은 형사 건으로 절도이기도 해요.”

동원은 충격과 함께 밀려드는 배신감으로 치를 떨었다. 그리고 동원은 균을 훔쳐간 원수영, 이를 지시했을 금지석, 총 책임자 금성룡, 그리고 스킨 아이스크림을 상대로 훔쳐간 균을 사용하지 말고 돌려줄 것을 요구하는 맞소송을 냈다. 이제 소송은 스킨 아이스크림에서 제기한 영업비밀침해 소송과 송동원이 제기한 균 특허에 대한 침해 금지 소송으로 발전했고 이 두 소송은 동시에 진행되었다.

‘이완영과 윤 사장의 관계’, ‘악덕 프랜차이즈 스킨 아이스크림과 선량한 프랜차이즈 맛나 아이스크림’, ‘맛나 아이스크림의 가맹점주들이 윤 사장에게서 받은 배상금을 돌려준 이야기’, 그리고 마지막으로 ‘살아 있는 유산균의 소유 분쟁’ 등 드라마 같은 흥미진진한 내막이 법정에서 공방되었고 모든 신문에 보도되었다. 동원은 밀려드는 신문사와 잡지사 인터뷰에서 정직하게 자신의 심경을 털어놓았다.

“이제 아이스크림 사업도 첨단산업이고 바이오산업입니다. 우리는 선의의 경쟁을 통해 성장할 것이고 끝내 정의가 승리할 것을 자신합니다”라고.

스킨 아이스크림도 이에 질세라 대대적인 언론 홍보에 나섰

제2차 프랜차이즈 전쟁, 영업비밀

다. 아이스크림 업계의 최대 프랜차이즈, 살아 있는 유산균의 원조, 500개 이상의 가맹점 등이 홍보의 초점이었다. 스킨 아이스크림은 압도적인 자금력을 바탕으로 소송에 박차를 가했다.

그러나 스킨 아이스크림의 노력에도 불구하고 가맹점이 여섯 개밖에 되지 않던 레드앤드스노는 브랜드 인지도 1위인 스킨 아이스크림과의 격차를 좁혀나갔다. 스킨 아이스크림이 시작한 소송이 오히려 레드앤드스노의 브랜드 인지도를 높여준 것이었다.

2

재판 날이 다가오고 있었다. 레드앤드스노에서는 박효주와 원수영을 증인으로 신청했다. 스킨 아이스크림 측은 박효주와 원수영을 전혀 모르는 사람이라고 주장했다.

유리은행 대신지점.
효주는 떨리는 손으로 증인소환장을 들고 있었다.
재판에까지 휘말리자 효주는 그제야 자신이 얼마나 심각한 상황에 처했는지를 실감했다.
'이럴 수가…… 좀 더 신중했어야 하는데……. 이런 일에

까지 휘말리다니……. 팀장 승진이 뭐라고……. 하지만 이제 돌이킬 수도 없잖아. 어떻게 한담. 그냥 모른다고 할까, 아니면 나중에 알았다고 할까? 동원에게 연락해볼까? 아냐, 지금은 아니야……. 사실 난 몰랐는데 뭐.'

'그래 난 동원이보다는 지석 씨야.'

효주는 애써 자위했다. 휴대전화가 진동했다. 지석이었다.

"혹시 법원에서 소환장이 오지 않았나요? 너무 걱정하지 마세요. 증거도 없을 거고, 증거가 있다 해도 큰 문제는 없을 겁니다. 힘내요, 효주 씨. 항상 제 마음속에는 당신이 있습니다."

지석은 최선을 다해 효주를 안정시키고 자신 있게 증언하라고 독려했다.

서울중앙지방법원 동관 앞. 증인신문이 있는 날이다. 동원은 며칠 동안 잠을 자지 못했다.

'왜 효주가 전화 한 통 없지? 정말 금지석과 한통속인가?'

복잡한 표정을 하고 있는 동원을 보며 희정은 고개를 숙였다.

그리고 마침내 법정 앞에서 동원과 희정은 효주와 마주쳤다. 효주는 어색한 미소로 동원에게 인사했다. 그런 효주를 희정은 원망스러운 눈길로 쳐다보았다. 동원은 아직도 믿을 수가 없었다.

사실 동원은 재판 전까지 효주가 먼저 연락해주기를 기다리고 또 기다렸다. 하지만 끝끝내 효주는 연락하지 않았다. 동원은 점점 효주가 의심스러웠지만 애써 아닐 거라고 위로했다.

증인신문이 시작되었다.

"원고나 피고 측 증인 중 어느 증인부터 신문할까요?"

재판장이 묻는다. 이 변호사가 자리에서 일어서더니 자신이 먼저 심문하겠다고 말했다.

"박효주 증인부터 신문하겠습니다."

"증인은 원수영을 압니까?"

"모릅니다. 한번도 만나본 적이 없는 사람입니다."

"증인은 금지석을 아십니까?"

"예. 금지석 씨는 저희 은행 고객이어서 은행에서 몇 번 본 적이 있습니다."

방청석에 앉아 있던 동원은 효주의 말을 들으며 '그럼 그렇지, 효주는 아마 몰랐을 거야' 라고 고개를 끄덕였다.

"금지석이 원수영을 레드앤드스노에 취업시켜달라고 부탁한 사실이 있나요?"

"없습니다. 한번도 본 적 없는 사람을 왜 소개합니까?"

순간 효주는 거짓 증언을 한 것이 양심에 찔렸다. 하지만 이 부분에 대해서는 물적 증거가 없으니 아무 문제도 없을 거라고 스스로를 다독이며 침착하려 애썼다. 방청석에 있던 동원은 효주의 거짓 증언을 듣고 하마터면 일어나서 소리를 지를 뻔했다.

'효주가…… 믿었던 효주가 거짓말을 하다니……'

"증인은 송동원 씨와 대학교 때 연인이었던 걸로 알고 있습니다. 둘은 헤어진 지 2년이 지났는데 왜 갑자기 연락하게 되었나요?"

"한동안 보지 못해서 어떻게 지내나 궁금했습니다."

"증인은 송동원을 따라 레드앤드스노에 다녀간 사실이 있지요."

"네."

효주는 자신을 본 사람들이 있었기 때문에 거짓말을 할 수 없었다. 땀이 등을 타고 흐르기 시작했다.

"혹시 그날 송동원에게 원수영의 취업을 부탁하지 않았나요?"

"부탁한 일이 없다고 하지 않았습니까?"

"그럼 왜 증인은 헤어진 지 2년이나 지난 다음에야 송동원에게 연락했습니까?"

"그냥 생각나서 연락했다지 않았습니까?"

효주는 필사적이었다. 여기서 무너지면 안 된다고 생각하며

제2차 프랜차이즈 전쟁, 영업비밀

효주는 주먹을 불끈 쥐었다.

효주의 증언은 그렇게 마무리되었다.

다음 증인은 원수영이었다.

"저는 박효주와 한번도 만난 적이 없습니다. 레드앤드스노에
는 구인광고를 보고 지원했고 누구의 추천도 받은 적이 없습니
다. 저는 유산균에 대해서는 아는 것도 없고 유산균을 훔친 적도
없습니다. 금지석과 금성룡도 모르는 사람입니다. 저는 단지 레
드앤드스노에 며칠간 근무하다가 부모님이 편찮으셔서 고향에
내려갔을 뿐입니다."

원수영의 증언도 끝났다. 증인 심문에서는 별 소득이 없는 것
같았다. 그때 이 변호사가 자리에서 일어섰다.

"CCTV 영상에 대한 검증을 신청합니다. 그리고 금성룡의 업
체들에 대한 국민연금, 의료보험 자료에 대한 사실조회를 신청
하겠습니다."

이 변호사는 CCTV 테이프를 제출했다.

"검증기일은 내일 오후 2시로 하겠습니다."

재판장이 검증기일을 고지하고 그날 재판은 종결되었다.

그다음 날. CCTV에서는 원수영이 유산균을 훔쳐가는 모습이

그대로 나타났다. 그리고 사실 조회에서 원수영은 금성룡이 운영하는 사채업체의 건강보험가입자 명단에 올라 있었고 스킨 아이스크림 법인등기부등본에는 금지석이 지배인으로 등록되어 있었다.

1달 후 드디어 판결이 내려졌다.

"스킨 아이스크림이 청구한 영업비밀침해 사건에 대해 레드앤드스노는 더 이상 스킨 아이스크림의 기술을 사용하고 있지 아니하므로 청구를 기각합니다. 레드앤드스노가 청구한 유산균에 대한 특허침해 사건에서는 레드앤드스노의 유산균을 스킨 아이스크림에서 훔쳐간 사실이 인정되므로 레드앤드스노의 청구를 인용합니다. 스킨 아이스크림은 더 이상 그 유산균 아이스크림을 판매할 수 없습니다.[19] 소송비용은 전부 원고 스킨 아이스크림이 부담합니다."

언론에서는 이번 판결을 대서특필했고 레드앤드스노의 브랜드 인지도는 1위가 되었다.

동원은 형사고소는 하지 않았다. 혹시라도 효주가 크게 타격을 입을까 봐 걱정이 되었던 것이다. 민사소송에서 이겼으면 됐지, 형사 건까지 확대되기를 바라지 않았다.

하지만 네티즌들은 금성룡, 금지석, 원수영을 처벌하라고 아우성이었다. 어떤 사람은 박효주가 더 나쁘다고 말하기까지 했다.

제2차 프랜차이즈 전쟁, 영업비밀

결국 검찰에서 언론기사와 판결문을 토대로 수사를 시작했다. 검찰이 CCTV를 제시하자 원수영은 더 이상 부인하지 못했다. 그리고 결국 금지석이 절도를 지시했다고 실토했다. 하지만 금지석은 이번 일을 자신이 막아야 한다고 판단하고 금성룡은 전혀 모르는 일이라고 방어벽을 쳤다. 금지석은 박효주도 아직 이용가치가 남아 있다고 판단하고 박효주를 감쌌다. 박효주도 자신은 원수영이 균을 훔칠 의도가 있는지는 전혀 몰랐다고 진술했다. 그것은 일부 사실이기도 했다.

하지만 박효주가 조금만 주의했더라면 충분히 그 의도를 짐작할 수 있었을 것이다. 그녀는 자신이 송동원의 입장을 배려했다면 잘 알지도 못하는 사람을 추천하지는 않았을 거라고 생각했다.

19 소송비용의 부담

소송비용은 소송을 한 당사자인 원고와 피고 중 패소한 자가 승소한 자에게 지급하게 된다. 물론 일부 승소 일부 패소 판결이 날 경우에는 그 승소나 패소한 비율에 따라서 소송비용을 부담하게 된다. 일반적으로 판결문에는 확정금액을 명기하지 아니하고 단순히 소송비용의 부담 비율에 대해서만 정하는 것이 일반적이고 그 금액을 확정하는 절차는 판결이 난 다음 별도의 신청에 의해서 결정하게 된다. 그 비용에는 인지대, 송달료, 감정 검증비, 변호사 선임료 등이 포함된다.

수사관은 박효주가 공모하지 않고서는 원수영을 추천할 이유가 없다고 생각하고 수사의 강도를 높였다. 박효주는 원수영의 자백에 더욱 당황했다. 처벌을 받게 되면 은행에서도 해고될 것이다. 하지만 효주는 자기를 보호해주는 금지석이 자기 옆에 있다는 사실에 안심하며 스스로를 위로했다.

동원이만 눈감아주면 그냥 넘어갈 수도 있을 텐데, 하고 효주는 생각했다.

"송동원에게 원수영을 추천할 당시 금지석이 스킨 아이스크림에 근무하고 있다는 사실을 알았지요?"

"네."

수사관의 질문에 효주는 기어들어가는 목소리로 대답했다.

"송동원이 운영하는 레드앤드스노도 아이스크림을 제조 판매하는 프랜차이즈라는 사실을 알고 있었지요?"

"네."

효주의 목소리는 더욱 작아졌다.

"아니, 그러면 스킨 아이스크림에서 근무하는 금지석이 왜 경쟁사인 레드앤드스노에 원수영을 취업시켜달라고 부탁하겠습니까?"

효주는 아무 말도 할 수 없었다.

"제가 부주의했습니다."

제2차 프랜차이즈 전쟁, 영업비밀

"부주의요? 무슨 말도 안 되는 소립니까? 당신은 은행에서도 인정받는 대리이고 금지석이 수십억 원의 자금을 거래해주고 있는데 부주의라구요? 그 소리는 나중에 판사님에게나 하세요! 누가 믿어주나. 당신은 금지석과 짜고 원수영을 위장 취업시켜 유산균을 훔치게 했습니다. 그리고 그 대가로 수십억 원의 자금을 은행에 유치했구요."

순간 효주는 사태의 심각성을 뼈저리게 느꼈다. 숨이 턱하니 막혔다.

"아닙니다, 저는 정말 이용만 당했습니다. 정말 몰랐습니다."

순간 박효주는 소리쳤다.

"그래요? 그러면 좀 더 조사해봅시다."

수사관은 비아냥거렸다. 이미 증거로 결판이 났는데 뭘 더 조사할 것이 남았을까. 효주는 식은땀을 닦아내며 수사관을 바라보았다.

이제 송동원이 진술할 시점이었다. 만약 송동원이 박효주와 금지석이 처음부터 짜고 원수영을 취업시킨 것이라고 강력하게 주장하면 검찰도 송동원의 말에 무게를 실어줄 수밖에 없다고 했던 이 변호사의 조언이 생각났다. 왜냐하면 박효주가 자신은 공모하지 않았다고 주장하려면 자신이 정상적인 주의조차 기울이지 않았다는 궁색한 변명을 해야 하기 때문이다. 이 경우 벌금

형만 받더라도 박효주는 신분상의 불이익을 받을 가능성이 매우 높았다.

박효주와 대질심문이 벌어졌다.

"송동원 씨, 박효주가 원수영을 취업시켜달라고 부탁한 사실이 있지요? 왜 갑자기 박효주가 송동원 씨에게 연락했다고 생각합니까? 박효주는 이미 원수영이 유산균을 훔쳐가리라는 사실을 알고서 취업을 부탁한 것이겠지요?"

송동원은 생각했다. 동원은 수사관의 말이 전부 일리가 있다고 생각했다. 하지만 동원이 진술하는 순간 박효주는…….

"아닙니다. 효주는 그 사실을 몰랐을 겁니다. 이미 원수영은 취업 서류를 일주일 전에 제출했고 저는 효주를 만나기 전에 이미 원수영을 채용하기로 마음먹고 있었습니다. 그래서 효주가 말해도 귀담아듣지 않았습니다."

예상 외의 대답에 오히려 수사관이 화를 냈다.

"당신이 피해자 맞습니까?"

동원 옆에 앉은 효주는 동원의 거짓 진술에 안도의 한숨을 내쉬었다. 하지만 마음은 더욱 괴로웠다.

동원의 진술을 들은 희정은 여전히 동원이 효주를 마음에 두고 있다고 생각했다.

'동원 씨는 아직도 효주 씨에게 마음이 남아 있구나.'

제2차 프랜차이즈 전쟁, 영업비밀

결국 금성룡은 특허법 위반으로 벌금 300만 원, 금지석과 원수영은 구속기소, 박효주는 무혐의로 정리되었다.

프랜차이지들의 반란

1

재판 후 동원은 스킨 아이스크림의 전 가맹점에 통보서를 보냈다. 더 이상 유산균을 사용하여 서로 불편한 일을 만들지 말자는 내용이었다. 더 이상 유산균 아이스크림 시장을 빼앗기지 않기 위해 취한 부득이한 조치였다.

스킨 아이스크림 본사 사무실.
성룡은 독기 서린 눈빛을 하고 있었다.

“판검사 출신 변호사를 다 쓰고 돈을 얼마나 퍼부었는데 이 꼴이라니. 지석이는 교도소에 들어가고. 이 사기꾼 같은 변호사 놈들…….”

성룡은 분이 가시지 않는지 침을 튀기면서 욕을 하고 있었다.

그때 전화벨이 울렸다.

“비서는 뭐 하고 전화도 안 받아!”

성룡은 직접 전화를 받았다. 더맛나 스킨 아이스크림 점주 허필봉이다. 허필봉은 금성룡이 스킨 아이스크림을 인수할 당시 가장 협조한 자였다. 그리고 그는 점주들의 동태를 분석하고 보고하는 일을 해왔다.

“금 사장님, 큰일 났습니다. 가맹점주들이 경고장을 받았다고 난리들입니다. 그래서 [20]일주일 뒤 가맹점주들끼리 자체적인 모임을 갖겠답니다!”

소식을 들은 성룡의 입에서 잠깐 욕이 튀어나왔다. 그러나 이

20 가맹점주들의 협의회

2007년 8월경 가맹거래 공정화에 관한 법률의 개정이 논의될 당시 가맹점주들의 권익을 옹호하기 위해 가맹점주협의회를 구성하여 가맹본부와 동등한 지위에서 협상력을 가질 수 있게 하려는 개정안이 논의되었으나 입법화되지는 못했다.

내 그는 가맹점들의 가맹계약서를 자신에게 유리하게 해두었다
는 사실을 깨닫고 안심했다. 게다가 자신에게 외상까지 하면서
가맹점을 낸 가맹점주들도 적지 않음을 생각하며 그는 허필봉에
게 간략하게 지시를 내렸다.

"우선 심복들인 점주들만 모아서 전략을 짜봐."

상황이 좋지 않으므로 성룡은 자신이 직접 나서야 한다고 판
단했다.

"열다섯 명은 심복들입니다."

허필봉이 보고했다.

"그 열다섯 명은 이미 레드앤드스노 매장들과 인접해서 경쟁
하기 때문에 적극적으로 협조할 겁니다."

"마냥 피할 수는 없는 노릇이고……. 우리도 정공법을 택해야
겠군. 나도 깡다구 있는 놈이야."

성룡은 입을 앙다물었다.

"먼저 이번 재판은 공정성을 잃은 재판이라서 항소심에서는
이길 수 있다고 큰소리를 치고 거물급 변호사를 알아본다고 해
야겠어. 그리고 아직 자금력과 조직력은 우리가 압도적이니 장
기전으로 가면 우리가 유리하다고 설득해야겠군. 혹시 가맹점주
중 불리한 발언을 하는 놈이 없도록 분위기를 잘 잡아."

허필봉은 전화를 끝내자 곧바로 심복 가맹점주들을 모아서 회

프랜차이지들의 반란

의를 했다.

회의에서 열다섯 명의 가맹점주들은 자기가 맡은 가맹점주들과 접촉하면서 금성룡에 대한 우호적인 분위기를 조성하기로 했다.

성룡은 이번 모임에는 공포 분위기를 조성하는 것이 좋겠다는 생각에 고향 친구인 건달들을 불러 모았다.

일주일 뒤 스킨 아이스크림의 가맹점주들이 모였다. 300명이 넘어 보였다.

이곳저곳에서 점주들이 웅성거렸다.

"어떻게 된 거야?"

"금 사장이란 놈, 이완영보다 더한 놈이야?"

"이제 우리도 연합체를 구성해서 대항해야 해."

하지만 전부 소곤거리고만 있었다.

"그래도 아직 아이스크림 시장에서는 스킨 아이스크림이 자금력이나 영업력이 독보적이지 않아? 그냥 구경만 하는 게 낫지 괜히 나섰다가 고래싸움에 새우등만 터지잖아."

소란을 깬 것은 마이크 소리였다.

허필봉이 마이크를 쥐었다.

"우리는 그동안 존경하는 금 사장님의 엄청난 힘 아래 보호받

218

으면서 영업해왔습니다. 소송 등 불미스러운 일이 있었지만 레드앤드스노는 아직 애송이입니다. 재판은 아직 끝나지 않았습니다. 함께 뭉쳐서 이 위기를 극복합시다. 금 사장님이 직접 이 자리에 나오셔서 한 말씀하시겠답니다."

가맹점주들의 박수를 받으면서 금성룡이 등장했다.

"가맹점주 여러분. 이 금성룡, 그렇게 쉽게 죽지 않습니다. 우리나라 프랜차이즈 역사상 스킨 아이스크림만큼 독보적인 프랜차이즈가 있었습니까? 우리는 자금력이 충분합니다. 브랜드파워도 있습니다. 영업력도 있습니다. 우리가 힘을 합치면 못할 것이 없습니다. 가맹점 열 개도 안 되는 애송이 레드앤드스노는 상대가 되지 못합니다. 걱정하지 마십시오. 제가 다 알아서 해결하겠습니다. 그러니 여러분은 그냥 따라만 오세요."

곳곳에서 "옳소! 옳소!"라는 소리가 터져 나왔다. 성룡의 말이 끝나자마자 성룡의 충성파 점주들이 하나둘씩 일어나 발언하기 시작했다.

"금 회장님이 아이스크림 프랜차이즈의 영웅이며 일인자라는 것은 여러분 모두가 잘 알고 있는 사실 아닙니까. 이번 소송에서 승소했다고 해도 레드앤드스노는 가맹점이 열 개도 되지 않는 작은 회사에 불과합니다."

"만약 계약을 중도에 파기하면 위약금을 물 수도 있습니다."

프랜차이즈들의 반란

"우리들 중 금 사장님의 은혜를 입지 않은 사람이 누가 있습니까?"

충성파 점주들의 발언으로 분위기는 점점 성룡에게 유리하게 흘러갔다. 행사장 밖에서는 성룡의 경호업체 사람들이 일사불란하게 움직이며 공포 분위기를 조성하고 있었다.

분명히 반대 논리가 더욱 설득력이 있었지만 아무도 나서서 말하는 자가 없었다. 허필봉은 더 이상 발언자가 없는 것으로 판단하고 금성룡 회장에 대한 신뢰를 부탁하면서 회의를 끝내려고 했다.

그때였다.

"발언을 요청합니다."

누군가 발언을 요청하며 자리에서 일어섰다. 박효주였다. 박효주는 스킨 아이스크림 명동점 대표로부터 위임장을 받아 이 모임에 참석했다.

순간 분위기는 물을 끼얹은 듯 조용해졌다.

"우리는 이제 우리 사업에서 어느 길이 옳고, 어느 길이 그른지를 판단해야 하는 시점에 왔습니다. 그동안의 일들은 가맹점주님들께서 너무도 잘 아실 것입니다. 스킨 아이스크림 금성룡 사장이 어떻게 살아왔는지, 가맹점을 어떻게 대해왔는지 우리는 잘 압니다. 그리고 이번 사건에는 저도 관련되어 있습니다. 1심의 재판 내용과 언론 보도는 전부 사실입니다.

효주의 말이 끝나자 가맹점주들이 웅성거리기 시작했다. 성룡과 성룡의 충성파 점주들은 당황하여 서로의 얼굴을 번갈아 바라보았다. 이런 일을 예상하지 못한 탓이었다. 그리고 어디선가 "옳소!"라는 말이 나오자 여기저기서 투표를 원하는 외침이 물밀듯이 터져 나왔다.

성룡은 너무나 놀랐다.

'저년이…… 지석이를 통해서 내가 얼마나 도와줬는데. 그 덕에 팀장까지 되더니 내게 비수를 꽂아?'

효주의 발언에 당황했던 성룡은 금세 태연한 척 자리에서 일어섰다.

"좋습니다. 투표해봅시다."

성룡은 자신이 있었다.

'내게 신세진 놈만 절반이 넘어. 그리고 충성스런 가맹점주들이 모든 준비를 해두었잖아. 이제 막다른 길이야. 여기서 싹을

꺾어버려야 해.'

투표가 끝나고 개표가 시작되었다. 결과는 350명 중 10명만이 금성룡 회장에게 신뢰표를 던졌고, 나머지 340명은 레드앤드스노로 간판을 바꿔 다는 데 동의했다. 가맹점주들과 효주는 이겼다는 기쁨의 환호성을 내질렀다. 투표 결과를 본 성룡의 얼굴은 벌겋게 달아올라 거의 터질 지경이었다.

'아니, 내 심복이 열다섯 명에 신세진 놈이 절반도 넘는데. 이놈들 전부 어디 갔어?'

성룡은 전혀 예상하지 못한 사태에 당황했다. 그는 서둘러 행사장을 떠났다.

모임이 끝나고 효주는 가맹점주들에게 감사의 인사를 받은 뒤 집으로 향했다. 내내 마음이 불편했던 효주는 이번 일을 계기로 동원에 대한 죄책감을 조금이나마 덜 수 있을 것 같다는 생각을 했다.

'그래…… 이걸로 동원이에게 조금이나마 빚을 갚은 거야.'

효주는 이런저런 생각을 하며 지하주차장에 차를 주차시켰다. 효주는 차 문을 잠그고 엘리베이터로 향하면서 하루 동안 있었던 일을 가만히 생각해보았다. 참 길고 긴 하루였다.

그런데 그때 뒤에서 검은 그림자 여럿이 효주를 덮쳤다. 효주는 속수무책으로 그 그림자들에게 끌려갔다. 그리고 효주는 얼

Ⅳ 프랜차이즈 히어로

굴도 모르는 사람들에게 엄청난 폭행을 당했다. 얼굴을 복면으로 가렸기 때문에 누군지 알 수 없었다. 효주는 그저 속수무책으로 당할 수밖에 없었다. 팔이 부러진 것 같았다. 효주는 너무 아파 기절할 지경이었지만 "살려주세요……"라고 나지막이 말하고서야 정신을 잃었다.

효주가 다시 눈을 뜬 곳은 병원이었다.

"엄마……."

효주가 옆에서 자리를 지키고 있던 어머니의 얼굴을 보았다. 효주의 어머니는 얼마나 울었는지 얼굴이 퉁퉁 부어 있었다. 옆에 있던 효주의 아버지도 마찬가지였다. 하나밖에 없는 딸이 잘못되지는 않을지 노심초사하며 기도하는 마음으로 효주의 옆을 지킨 부모님이었다.

"이제 정신이 들어? 의사 선생님 부를까? 괜찮니?"

어머니는 극성스레 딸의 상태를 물었다.

"괜찮아요……. 어떻게 된 거예요?"

"이것아…… 길가에 쓰러져 있는 너를 행인들이 발견해서 병원으로 옮겨온 거야……. 대체 누가 이런 짓을…… 흑흑흑."

어머니는 참았던 눈물을 터뜨렸다. 아버지의 눈에도 물기가 어렸다. 효주는 이 모든 상황이 그저 꿈같았다. 대체 누가…….

그때 효주의 머릿속을 스쳐가는 이름 하나.

223

프랜차이지들의 반란

‘금. 성. 룡.’

이런 짓을 할 사람은 금성룡밖에 없다고 효주는 확신했다. 그때 효주가 깨어났다는 말을 들은 주치의가 찾아왔다.

“온몸에 심하게 타박상을 입으셨고 팔이 골절되었습니다. 일주일 정도 입원하셔서 안정을 취하신 다음, 한 달 동안은 통원 치료를 해야 할 것 같습니다.”

효주는 가만히 누워 의사의 말을 들으며 금성룡을 저주했다.

‘금성룡, 이 더러운 자식……’

2

한편 희정은 스킨 아이스크림 가맹점주 340명이 레드앤드스노로 가맹점을 옮기려 한다는 소식을 듣고 동원에게 전했다.

“동원 씨! 기쁜 소식이 있어요!”

“희정 씨, 다쳐요. 뛰지 말고 천천히 말해봐요. 그러다 숨넘어가겠어요.”

“ [21] 스킨 아이스크림 가맹점주 340명이 우리 레드앤드스노로 가맹점을 옮기겠대요!!”

“네? 그게 정말이에요?”

동원은 기쁨과 놀라움으로 입이 떡 벌어졌다.

"스킨 아이스크림 압구정 가맹점주가 그러는데, 전날 모임에서 어떤 젊은 여성 점주가 가맹점을 옮기겠다고 용감하게 말했나 봐요. 그런데 글쎄 그날 저녁 누군가에게 크게 폭행을 당했대요."

희정의 얼굴은 걱정으로 잠시 어두워졌다. 동원은 그 얘길 듣고 왠지 찝찝했다. 마치 자신이 아는 누군가가 다치기라도 한 것 같은 기분이었다.

"그게 누군지 혹시 알아볼 수 있을까요?"

21 가맹점주의 프랜차이즈 이동

가맹점주들이 자신이 소속된 프랜차이즈에서 다른 프랜차이즈로 옮길 수 있는지는 프랜차이즈계약서의 내용에 의해서 결정됩니다. 일반적으로 프랜차이즈계약서에는 프랜차이저(가맹본사)나 프랜차이지(가맹점주)의 권리의무 사항들이 규정되어 있습니다.

일반적으로 프랜차이저가 다른 사람의 특허권을 침해하는 물품을 공급하여 그로 인한 판매금지나 손해배상청구 등을 가맹점주가 당하게 될 경우에는 프랜차이저가 프랜차이즈계약서의 주요한 의무 사항을 위반했다고 해석되는 경우가 많으므로 그 내용에 따라서 계약을 해제 혹은 해지할 수 있습니다.

프랜차이지들의 반란

"네? 그건 왜요?"

"그냥, 문병이라도 가야 할 것 같아서요. 저희 쪽으로 가맹점을 옮기자고 하신 분이 그렇게 되셨는데 가만히 있을 수만은 없잖아요."

"아, 듣고 보니 그러네요. 제가 가맹점주 한 분에게 전화해서 물어볼게요."

희정은 휴대전화를 꺼내 서둘러 전화를 걸었다.

"네? 박…… 효주 씨가…… 요?"

희정의 입에서 효주라는 이름이 나오자 동원은 사색이 되었다. 동원은 희정의 핸드폰을 재빨리 낚아챘다.

"어느 병원입니까?"

동원은 헐레벌떡 효주가 있는 병원으로 달려갔다. 그런 동원의 뒤를 희정도 부지런히 따라왔다. 병실 문을 열어젖히자 팔에 깁스를 하고 힘없이 누워 있는 효주가 보였다. 동원은 효주의 곁으로 천천히 다가갔다. 희정도 조용히 그 뒤를 따랐다.

"효…… 주야……."

동원의 부름에 효주는 천천히 눈을 떴다.

"동원…… 아……, 미안해……. 정말 미안해……."

효주는 동원의 얼굴을 보자마자 울음을 터뜨렸다. 그런 효주를 보며 동원의 눈에도 눈물이 고였다. 울고 있는 효주의 손을 꼭 잡는 동원을 보면서 희정은 가슴이 턱 하고 막히는 것을 느꼈다.

"일이 그렇게 될 줄은 전혀 몰랐어……. 정말 미안해……. 내가 바보였어……. 용서해줘, 동원아……."

"괜찮아, 효주야. 괜찮아……."

동원은 효주의 이마를 가만히 쓸어주었다. 희정은 그런 둘을 멀뚱히 지켜볼 수 없어서 조용히 병실을 빠져나왔다. 곧 봄이 오려는지 바람도 마냥 차갑지만은 않았다. 희정은 따사로운 오후의 햇살을 맞으며 병원 앞 공원으로 향했다. 공원에는 몇몇 환자들이 벤치에 가만히 앉아 볕을 쬐고 있었다. 희정도 빈 벤치에 가만히 앉았다. 자꾸만 동원과 효주의 다정한 모습이 생각나 눈물이 터져 나오려 했다.

'동원 씨에게 난 그저 좋은 동업자, 그 이상도, 그 이하도 아닌데 왜 자꾸 마음을 못 잡고 이러는 걸까…….'

희정은 그 후로도 오랫동안 벤치를 뜰 줄 몰랐다.

프랜차이지들의 반란

글로벌 프랜차이즈 기업으로 도약하다 

1

그 후로도 동원은 계속 효주를 찾아갔다. 희정은 그런 동원을 바라보며 마음을 정리하기로 결심했다. 하지만 결코 쉬운 일이 아니었다. 지금껏 자신이 힘들 때마다 항상 동원이 곁에 있어줬다. 두 사람은 어려운 위기를 항상 함께 극복했다. 그런 그를 어떻게 쉽게 포기할 수 있을까?

하지만 희정은 애써 마음을 다잡으려 노력했다. 일부러 동원을 멀리하기까지 했다. 동원과 희정의 사이는 날이 갈수록 조금씩 어색해져만 갔지만 레드앤드스노는 점점 우리나라 최고의 아이스크림 프랜차이즈로 입지를 다지게 되었다.

그날 밤 폐점을 하고 희정과 동원은 매장에 단 둘이 남아 뒷정리를 하고 있었다. 동원은 희정의 표정이 예전처럼 밝지 못한 것을 눈치챘다. 그리고 자신을 대하는 태도도.

동원은 그간 효주에게만 신경 쓰느라 희정은 뒷전이었다는 사실을 뒤늦게 깨달았지만 어떻게 자신의 마음을 희정에게 알릴지 갈피를 잡을 수 없었다. 만약 고백이란 걸 했다가 거절당한다면? 윽. 생각하기도 싫었다.

하지만 이런 상태로 있는 것은 더더욱 싫었다. 분명 자신이 사랑하는 사람은 윤희정이었다. 효주에게 연민의 정이 남아 있긴 하지만 그건 어디까지나 정이었다. 지금은 윤희정이 자신의 사랑이었다. 동원은 이렇게 모르는 척 도망가는 것은 남자로서 할 일이 아니라고 생각했다. 지금껏 어려운 일을 무던히도 많이 헤쳐온 자신이었다. '이까짓 고백쯤이야. 눈 질끈 감고 해버리면 되는 거 아냐?' 라고 생각한 동원은 마음을 다잡았다.

"주방은 대충 정리가 끝난 것 같아요. 재고 정리는 동원 씨가 좀 해주세요. 전 균배양실에 가볼게요."

희정이 딱딱하게 말하고 돌아서려는데 동원이 희정을 불러 세웠다. 희정은 동원이 부르자 걸음을 멈췄다.

“희정 씨.”

“왜요?”

희정은 애써 차갑게 대답하며 동원과 마주 섰다. 동원의 선량한 눈이 애써 다잡았던 희정의 마음을 한번에 무너뜨릴 뻔했다.

“저, 그동안 미안했어요.”

“뭐가요?”

희정은 동원의 눈을 더 이상 마주 보기가 힘들어서 고개를 푹 숙였다.

“그동안 효주 때문에 매장 일이나 다른 문제에 신경을 많이 쓰지 못해서 정말 미안해요.”

“동원 씨가 좋아하는 사람이 병원에 입원했는데 신경이 거기로만 가는 건 어쩔 수 없겠죠. 괜찮아요.”

희정은 자꾸만 말이 예쁘게 나오지 않는 자신을 책망했다.

‘아, 내가 왜 이러지, 정말. 이러지 않기로 했는데 왜 자꾸 흔들리는 거야?’

희정은 자기도 모르는 사이에 눈물이 고인 것을 알고 서둘러 몸을 돌려 주방을 빠져나가려 했다. 그때 동원이 희정의 손목을 낚아채더니 희정을 자기 품속에 가두었다. 동원도 자신의 행동에 화들짝 놀랐지만 곧 마음을 추스르고 천천히 말했다.

“그렇지 않아요. 내가 좋아하는 사람은…… 희정 씨예요……”

“……..”

희정은 한동안 멍하니 있었다.

“내가 좋아하는 사람은 희정 씨예요.”

동원은 다시 한 번 고백했다. 식은땀이 등줄기를 타고 흘러내렸다. 판결을 기다릴 때보다 더욱더 가슴이 조마조마했다.

정확히 1분 후 희정은 동원을 쳐다보며 말했다.

“저도요.”

동원은 하마터면 기쁨의 비명을 지를 뻔했다. 하지만 그 후가 더 문제였다. 지금 이 어색한 상황을 어찌해야 하는 거지? 슬쩍 팔을 뺄까? 뭐라 그러면서? 동원이 고민하고 있는 사이 희정이 살짝 동원의 볼에 입을 맞췄다.

2

동원과 희정은 그날 이후 연인이 되었고 스킨 아이스크림에서 레드앤드스노로 옮겨온 가맹점들 덕분에 바쁜 나날을 보냈다. 인테리어는 동원의 아버지가 모두 저렴한 비용으로 공사해주었다. 한편 효주는 은행에서 팀장으로 승진했다가 다시 한직으로 물러나게 되었다. 하지만 효주는 그다지 팀장 자리에 연연하지

글로벌 프랜차이즈 기업으로 도약하다

않고 한직에서 다시 열심히 일했다. 모든 것이 순조로웠다.

그러던 어느 날이었다. 그날도 여느 때와 다름없이 동원과 희정은 매장 일로 정신없었다. 그때 매장 문이 열리더니 외국인이 들어섰다. 위치가 위치인지라 레드앤드스노 강남점은 외국인 손님이 절반 이상이었다. 그래서 희정과 동원은 아무 거리낌 없이 그 외국인을 반갑게 맞았다. 그런데 그 외국인은 대뜸 여기 보스가 누구냐고 유창한 한국어로 물었다. 희정은 당황하여 자신과 동원을 가리키며 "우리가 사장"이라고 말했다. 그 외국인은 활짝 웃으며 자신을 소개했다.

"어우, 봔가워요. 마이 네임 이즈 에릭. 줘는 미쿡 뉴욕 맨해튼에 있는 N컬리쮜 경영? 경영 대학원 MBA 과정을 다니고 이써요. 줘는 지큼 한쿡의 레저 시쟝을 검토하기 위해 왔습니다. 근데 레드앤드스노의 성? 성콩을 들었습니다. 그래서 신촌에서 여키 아이스크림을 먹었는데 너무 너무 마시썼습니다? 그래서 당신들을 꼭 만나고 시퍼쓥니다. 줘는 미쿡 레저 산업의 인터내셔널 회사에서 아이스크림 프랜차이즈 비즈니스를 할 케획입니다? 제카 이 레드앤드스노 미국 비즈니스 진출을 톱고 싶습니다?"

동원과 희정은 때 아닌 제의에 당황하여 에릭이라는 외국인의 얼굴을 멀뚱히 바라보기만 했다.

"저 나뿐 사람 아닙니다? 제가 하는 말을 못 믿으시겠습니까?"

에릭은 자신을 미심쩍어하는 동원과 희정을 향해 답답하다는 듯 자신의 명함을 내밀었다.

"곧 처희 컴퍼니에서 이메일을 트리겠습니다. 크럼 바이."

에릭은 이메일을 주겠다는 약속과 함께 사라졌다. 동원과 희정은 에릭이 사라지고 나서도 한참 동안 믿을 수가 없었다.

그리고 2주 뒤 동원과 희정은 에릭의 말이 거짓이 아니라는 사실을 알게 되었다. 미국의 가장 큰 레저회사인 다이스(Dise) 사로부터 이메일이 왔던 것이다. 이메일의 내용은 간단했다. 미국으로 희정과 동원을 초청하여 [22]미국 아이스크림 프랜차이즈 시장의 공동 진출을 위해 전략적으로 협조하겠다는 내용이었다.

"동원 씨, 그 에릭이라는 사람의 말이 거짓이 아니었네요?"

"그러게요. 이제 어쩌죠?"

"글쎄요, 이런 경우는 처음이잖아요. 혹시 사기라면 어떡하죠?"

"다이스 사가 어떤 회산지 좀 알아봐야겠어요."

동원은 서둘러 다이스 사가 어떤 회사인지 인터넷을 검색했

글로벌 프랜차이즈 기업으로 도약하다

22 지적재산권과 관련된 국제계약이나 협약을 맺을 때 챙길 것들

1) 사업과 관련된 지적재산권인 특허권, 상표권, 저작권 등이 어느 나라에 등록되어 있고, 나라별로 그 권리의 소유자가 누구인지를 확인한다.

2) 협상 상대가 개인인지, 법인인지, 파트너십인지, 모회사인지, 관계회사(자회사 등)인지를 확인한다.

3) 공동연구계약, 판매계약, 라이선스계약, 국제프랜차이즈계약, 공동투자계약, 대리점계약, OEM계약 등 계약이 어떤 형태가 될지를 협의한다.

4) 계약의 형태에 따라 당사자의 기술력, 브랜드, 기타 지적재산에 대한 이해관계가 어떻게 될지를 예상해본다.

5) 약정 내용에 따른 금전상의 이해관계를 따져보고 계약이행과정에서 계약이 파기될 경우 서로의 이해관계를 검토한다.

6) 거래량의 변화가 약정 내용에 어떤 영향을 미치는지 예상해본다.

7) 계약이 영향을 미치는 국가적, 지역적 범위를 확정한다.

8) 계약의 기간과 연장 여부에 대해 검토한다.

9) 계약을 일정 범위에서 독점적으로 할지, 비독점적으로 할지 검토한다.

10) 계약으로 인한 분쟁이나 이견이 발생했을 경우 이를 해결할 수단이나 관할, 준거법 등에 대해서 검토한다.

11) 계약을 성립시키기 위해 국가 등의 인허가나 신고 등의 절차가 필요한지 확인한다.

12) 전문 지식을 요하는 경우 그 분야 전문가의 조력을 받는다.

다. 다국적 회사로 미국 내에서 가장 큰 레저업체.

　　동원은 이런 큰 기회가 희정과 자신에게 올 줄은 꿈에도 몰랐다.

　　'혹시 이 모든 게 꿈은 아닐까?'

　　동원은 몇 번이고 자신의 볼을 꼬집었다. 꿈이 아니었다.

　　"아무래도 이 변호사님을 또 찾아가봐야 할 것 같아요."

　　"네, 그래야겠죠? 덜컥 수락해버리고 혹시 일이 잘못되면 그 땐 정말 큰일이잖아요."

　　"네, 맞아요. 이 변호사님에게 이 건에 대해서 자문을 받고 진지하게 고려해봐요. 내일 아침에 당장 찾아가죠, 우리."

　　"네, 그래요."

　　다음 날 아침 동원과 희정은 이 변호사를 찾아가 다이스 사로부터 온 메일을 보여주며 자신들이 어떻게 해야 할지 물었다. 이 변호사는 메일을 꼼꼼히 읽어보더니 앞으로 동원과 희정이 어떻게 해야 할지를 알려주었다.

　　이 변호사의 자문을 들은 동원은 그 내용을 잘 정리하여 서류철로 만들어놓았다. 그리고 희정과 미국으로 떠날 준비를 했다.

　　"동원 씨, 괜찮겠죠?"

　　아직 모든 것이 걱정스럽기만 한 희정은 동원에게 물었다. 동

글로벌 프랜차이즈 기업으로 도약하다

원은 그런 희정의 머리카락을 쓰다듬으며 안심시켰다.

"다 잘될 거예요. 걱정하지 마세요. 우리는 이보다 힘든 일도 견뎌냈잖아요."

"그래요, 다 잘되겠죠?"

희정과 동원은 서로의 손을 꼭 잡고 폐점한 매장 안에서 서로의 눈을 바라보았다.

한 달 후 희정과 동원은 미국으로 떠났다.

더 큰 세상을 향해 더 큰 꿈을 품은 채.

에필로그

우리는 재산이라고 하면 일반적으로 아파트, 단독주택, 토지 등의 부동산이나 자동차, 금, 골동품 등의 동산을 떠올립니다. 그리고 많은 사람들이 이러한 재산에 애착을 가지고 이를 늘리기 위해서 많은 노력을 합니다.

하지만 이제 무엇보다 소중히 여겨야 할 재산은 우리가 가지고 있는 창조적인 아이디어임을 깨달아야 합니다. 이 창조적인 아이디어야말로 미래에 우리의 가장 큰 재산이 될 것입니다.

아이디어라는 것은 특정한 사람이 손으로 움켜쥐거나 주머니에 넣을 수 있는 것이 아니라, 다른 사람들과 쉽게 공유할 수 있으며 전파할 수 있습니다. 이런 특징 때문에 아이디어는 도용되거나 오용될 위험이 많습니다. 법률로 보호 받는 아이디어만이 진정한 재산으로서의 가치를 인정 받을 수 있습니다. 그런데 많은 사람들이 '아이디어' 란 무형물에 어떻게 법이 적용되는지 잘 알지 못합니다. 변호사로 일하는 동안, 아이디어에 대한 법률 지식을 잘 알지 못해 손해를 보거나 실패를 겪은 사람들을 많이 보았습니다. 크고 작은 아이디어들은 많으나 그 아이디어를 사업으로 발전시키는 단계에서 길을 잃고 헤매거나 무모하게 시작하여 큰 손해를 경험하는 분들을 보며 안타까운 마음이 들었습니다.

아이디어가 성공의 시작이라면, 그 아이디어를 활용하는 법률 지식은 없어서는 안 될 소중한 밑거름입니다. 이 책을 통해 과연 어떤 아이디어들이 법적으로 보호를 받으면서 재산으로서 인정받을 수 있으며, 어떻게 활용하여야 하는 것인지를 알려주고 싶었습니다. 아이디어만으로 무작정 사업을 시작했다가 실패하고, 법적 절차를 하나하나 배우며 글로벌 프랜차이즈로 성공해가는 과정을 그린 짧은 소설 한 편을 통해, 아이디어를 활용하는 유용한 법률 정보를 쉽게 습득할 수 있도록 구성하였습니다.

이 책을 통하여 많은 사람들이 아이디어의 재산성에 관하여 눈을 뜨고 활용할 수 있기를 바랍니다.

나만의 특별한 아이디어를 특허로 내볼까? 나만의 조리법으로 잘나가는 프랜차이즈 레스토랑을 만들 수 있을까? 이런 아이디어로 사업은 어떻게 시작할까? 우리 가게 상호를 어떻게 지어야 할까……?

번뜩이는 아이디어와 꿈을 가진 젊은이들, 자기만의 사업을 시작하려는 모든 이들에게 힘이 되고 성공의 밑천이 되기를 간절히 바랍니다.

한국과 미국의 로펌에서 변호사 업무를 하면서 접한 많은 지적재산권 관련 판례들을 토대로 이 소설을 썼습니다. 이 책을 기획하고 도와주신 『압구정 다이어리』 정수현 작가, 정태훈 님, 이정섭 님께 깊이 감사드립니다. 그리고 책이 출간되기까지 혼신의 노력을 해주신 소담출판사 직원분들께도 감사드립니다.

이철우

추천의 말

이 소설 『프랜차이즈 히어로』는 창의적이고 정의로운 한 청년이 자신의 아이디어를 가지고 성공해가는 과정을 그리고 있습니다. 평범한 사람들이 창업하여 실패와 좌절을 딛고 성공해가는 과정 속에서 창업 및 사업 시 필요한 법률 상식을 알려주는 유익한 책이었습니다.

우리에게 아이디어의 중요성과 아이디어가 어떻게 법적으로 보호 받는지에 대해 쉽게 알려주어, 창업을 꿈꾸는 젊은이들뿐 아니라 일반 비즈니스맨들에게도 많은 도움을 주고 있습니다. 또한 작지만 성실함과 창의력을 갖고 도전하는 정의로운 업체가 강력한 업체와의 경쟁에서 승리할 수 있다는 희망의 메시지를 전달하고 있습니다.

이철우 변호사가 바쁜 변호사 업무의 와중에도 시간을 내어 그동안의 경험과 축적된 지식을 바탕으로 한 권의 책을 펴낸 것을 기쁘게 생각합니다. 많은 독자가 읽기를 바랍니다.

국회의원 이기붕